verrückt nach

Lily's
cupcakes

verrückt nach Lily's cupcakes

Cécile Wijdenes und Angelie Kaag

Hölker Verlag

can't
resist a
lily's ♥

ISBN 978-3-88117-922-5

Übersetzung: Sonja Fiedler-Tresp
Redaktion: Lisa Frischemeier, Christin Geweke
Satz und Covergestaltung: typocepta
© 2014 Hölker Verlag
im Coppenrath Verlag GmbH & Co. KG,
Hafenweg 30, 48155 Münster, Germany
Alle Rechte vorbehalten, auch auszugsweise

www.hoelker-verlag.de

Die holländische Originalausgabe erschien bei Uitgeverij
Terra Lannoo B.V. unter dem gleichnamigen Titel

Text: Cécile Wijdenes und Angelie Kaag
Fotografie: Maarten Brunsveld, Arnheim
Design u. Illustrationen: House of Origin;
Marriët Willems und Simone Kroon
© 2011 Uitgeverij Terra Lannoo B.V.

www.terralannoo.nl

Inhalt

Vorwort

Im Frühjahr 2007 machte ich in New York eine ganz besondere Entdeckung: himmlische, bunte, fröhliche Mini-Törtchen, denen ich sofort verfiel. Zurück zu Hause beschäftigte mich eine einzige Frage: Warum gibt es diese göttlichen Cupcakes nicht auch bei uns?

Im Sommer 2008 beschlossen meine beste Freundin (auch ein Schleckermaul) Angelie und ich, dass wir lange genug auf jemanden gewartet hatten, der die Sache in die Hand nimmt. Offensichtlich mussten wir selbst dafür sorgen, dass auch niederländische Naschkatzen diese ultimativen Köstlichkeiten genießen konnten. Mehrere Reisen zu Cupcake-Manufakturen im Ausland und unzählige Back- und Experimentier-Sessions folgten. Im April 2009 war es dann so weit: Die Rezeptur war perfekt und im Café Dudok in Rotterdam gingen die ersten Exemplare von Lily's Cupcakes über die Theke. Inzwischen gibt es unsere Cupcakes im ganzen Land, und man kann sich kaum vorstellen, dass es eine Zeit gegeben hat, in der die Niederländer keine Berge von Cupcakes verschlungen haben.

Die echten Lily's Cupcakes stammen nicht mehr aus dem Backofen in unser eigenen Küche, sondern aus einer großen Bäckerei, wo sie ein Team begeisterter Konditoren mit viel Liebe und den besten Zutaten herstellt.
Die achtsame Auswahl der Zutaten möchten wir auch dir mit auf den Weg geben. Begib dich auf die Suche nach hochwertigen, natürlichen Lebensmitteln, bevor du dich ans Werk machst. Verwöhn dich selbst, deine Freunde, Kollegen und Nachbarn mit den köstlichsten Cupcakes. Enjoy!

Hugs,

Cécile und Angelie

The Story of Lily Hills

Nach langem, ausgiebigem Experimentieren hielten wir endlich die Rezeptur für die allerleckersten Cupcakes in den Händen. Wieso wir uns da so sicher waren? Weil man bei diesen Cupcakes die Augen schließt und sich nach Greenwich Village wegträumt. Ein perfekter Cupcake ist wie ein Mini-Trip nach New York!

Mit unsere Marke stehen wir für pures Verwöhnen. Für den Genuss cremiger, saftiger Cupcakes, aber auch für all die anderen schönen Dinge des Lebens.

Inspiration für alles, was wir tun, ist Lily Hills: ein junges, selbstbewusstes, unternehmungslustiges, kommunikationsfreudiges IT-Girl mit Stil, das zu jeder Tageszeit Cupcakes essen könnte. Lily verkörpert, wer wir selbst gern wären: ein echtes Fünf-Sterne-Mädchen, das jede Gelegenheit ergreift, das Leben in vollen Zügen zu genießen.

Lily backt oder kauft sich Cupcakes zum Kaffee, statt zu lunchen, sie isst sie nachmittags zum Afternoon Tea, nascht sie zwischendurch und serviert sie beim Filmabend ihren Freundinnen. Und natürlich reicht sie große Tabletts voller fröhlicher Mini-Cupcakes auf ihren Partys herum. Für all diese Gelegenheiten haben wir in diesem Buch die besten Rezepte zusammengestellt. Damit auch du leben kannst wie Lily!

Die Zutaten

Für Lily's Cupcakes werden nur die besten Zutaten verwendet. Wenn du möglichst viele biologische, fair gehandelte und frische Produkte verarbeitest, wirst auch du mit den himmlischsten Cupcakes und cremigsten Frostings belohnt.

Natürlich muss jeder für sich selbst entscheiden, wie weit er bei der Suche nach dem Besten vom Besten geht. Wer keine Zeit hat, Lambada-Erdbeeren beim Bio-Bauern zu kaufen, kann natürlich auch auf konventionelle Früchte aus dem Supermarkt zurückgreifen. Unsere Erfahrung zeigt aber, dass Cupcakes umso leckerer schmecken, je besser und naturbelassener die Zutaten sind.

Lily's Cupcakes zu backen, bedeutet eigentlich dreifachen Genuss: Zuerst machst du dich mit deinem Einkaufskorb auf den Weg, um gute Zutaten zu besorgen, dann backst du mit Sorgfalt, Geduld und größtem Vergnügen die herrlichsten Cupcakes, und zum Schluss verwöhnst du dich mit deinen selbst gebackenen Köstlichkeiten – in Gesellschaft oder allein!

Um dir die Arbeit zu erleichtern, hier ein paar Tipps vorab:

- Verwende stets (ungesalzene) Butter, nie Margarine. Am besten von regionalen Höfen, bei denen die Kühe im Sommer draußen weiden.

- Nimm einen möglichst feinen Zucker.

- Als Öl ist Erdnussöl gut geeignet. Auch Sonnenblumenöl kannst du verwenden, aber niemals Olivenöl!

- Ein sehr gutes Salz ist das Fleur de sel. Das kannst du auch zum Kochen prima gebrauchen und sollte sowieso in keiner Küche fehlen.

- Von den vielen verschiedenen Mehlsorten ist unser Favorit das Weizenmehl Type 405.

- Verwende große Eier, möglichst aus biologischer Landwirtschaft.

- Sahne wird als Geschmacksverstärker z. B. von Vanillestangen gebraucht. Halte Ausschau nach Schlagsahne mit einem hohen Fettanteil von ungefähr 38 %. Unübertrefflich!

- Für die Verwendung von Frischkäse eignet sich Philadelphia sehr gut, ebenso aber auch der Doppelrahm-Frischkäse einer Hausmarke.

- Wann immer es möglich ist, nehmen wir frisches Obst. Wenn bestimmte Obstsorten nicht erhältlich sind, kann man auf Tiefkühlprodukte oder eine gute Marmelade ausweichen. Dann sollten allerdings größere Fruchtstückchen herausgesiebt oder alles püriert werden.

- Bei Erdbeeren sind wir große Fans der Sorte Lambada, die einen ursprünglichen, aromatischen und süßen Geschmack haben, außerdem lässt sich das Fruchtfleisch gut zerdrücken.

- Wenn für ein Rezept Kakao benötigt wird, ist eine Qualitätsmarke die erste Wahl; den Unterschied schmeckt man wirklich.

- Wir empfehlen Zartbitterschokolade mit einem Kakaoanteil von 70 %. Je hochwertiger, desto besser! Wir selbst verwenden Valrhona, den Rolls-Royce unter den Schokoladen.

- In unseren Rezepten verarbeiten wir Earth Coffee, einen exzellenten und kräftig gerösteten Kaffee, mit dem wir außerdem Bewässerungsprojekte in Dritte-Welt-Ländern unterstützen. Da er aber nicht überall erhältlich ist, begibst du dich am besten auf die Suche nach einem guten Espresso, der sowohl frisch gemahlen als auch ungemahlen angeboten wird.

- In einigen Rezepten verwenden wir Blüten. Hierfür kann man speziell zum Verzehr gezüchtete Blumen kaufen oder auf die getrockneten Varianten aus dem Reformhaus zurückgreifen.

- Für Verzierungen solltest du frische Blüten verwenden, aber vergewissere dich vorher, dass sie essbar sind und nicht gespritzt wurden. Auf dem Wochenmarkt findest du meist eine große Auswahl, selbst einige Supermärkte haben sie im Angebot.

was du sonst noch alles brauchst

Eine gute Vorbereitung ist die halbe Miete. Die richtigen Gerätschaften erleichtern das Backen und verbessern das Ergebnis. Hier findest du eine Liste mit Küchenutensilien, die Lily stets im Haus hat.

Eine (digitale) Küchenwaage: Backen ist ein chemischer Prozess, die richtigen Mengen sind wichtig, um perfekte Cupcakes zu erhalten. Zu wenig Backpulver und schon geht der Teig nicht richtig auf, zu wenig Zucker und er ist nicht süß und klebrig genug. Anyway, you get the point.

Ein feines Sieb: wichtig, um das Mehl zu sieben, aber auch unverzichtbar zum Passieren frischer Früchte für die diversen Frostings.

Förmchen aus Papier: Sie sind die Grundlage für jeden Cupcake. Es gibt sie in den unterschiedlichsten Größen, Farben und Mustern. Schau genau, welche Größe du für das entsprechende Rezept brauchst.

Ein Muffinblech: Am besten gelingen die Cupcakes, wenn du sie in Papierförmchen backst. Stell diese aber in die Vertiefungen eines Muffinblechs, damit sie ihre Form bewahren und alle Cupcakes gleichmäßig backen. Sowohl Metall- als auch Silikonformen sind geeignet, achte aber bei Silikonformen darauf, dass du sie vor dem Befüllen auf ein Backblech stellst, da das Material sehr wabbelig ist.

Ein Rührgerät: Das kann eine Super-Maschine wie die KitchenAid sein, doch auch ein einfacher Handmixer ist völlig ausreichend. Ein Rührgerät sorgt zuverlässig dafür, dass alle Zutaten optimal miteinander vermengt werden. Unverzichtbar für die richtige Konsistenz von Teig und Frosting.

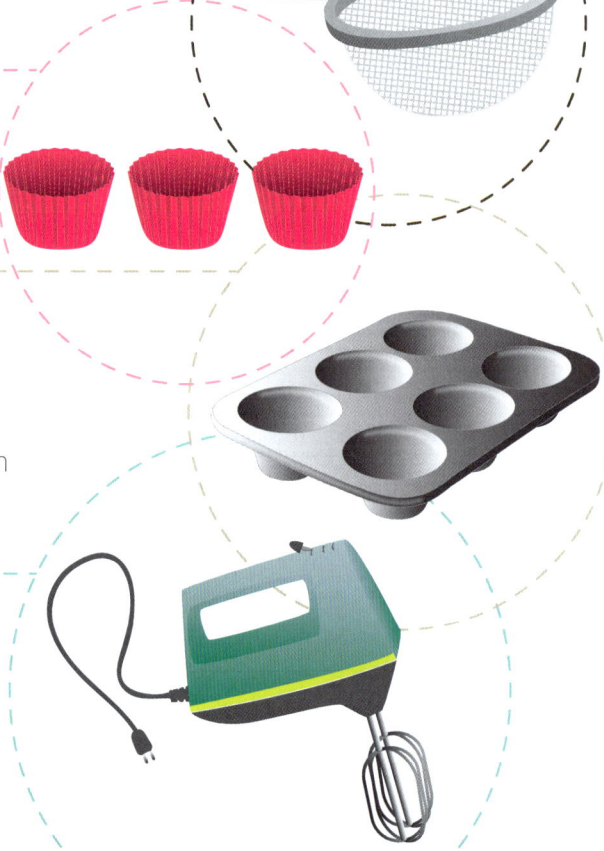

Ein Eisportionierer: Ein Eisportionierer ist das perfekte Utensil, um die Cupcakeförmchen gleichmäßig zu befüllen.

Spritzbeutel mit verschiedenen Tüllen: In gut sortierten Supermärkten, auf jeden Fall aber im Haushaltswarenhandel, sind Spritzbeutel aus Plastik erhältlich. Sehr praktisch, denn sie sind geruchlos und können nach dem Gebrauch einfach weggeworfen werden. Falls du keine Spritzbeutel finden kannst, tut es auch ein Gefrierbeutel, den du an einer Ecke aufschneidest.

Streichpalette: Um das Frosting gut auf den Cupcake streichen zu können, ist eine Palette am handlichsten. Hiermit lässt sich das Frosting nach Belieben auftragen.

Ausstechförmchen: Hübsch und praktisch zum Gestalten der Verzierungen. So geht es etwas leichter und schneller, als wenn alles mit der Hand passgenau zugeschnitten werden muss.

Ein Zestenreißer: Hiermit lassen sich schöne Zesten aus Zitronen-, Limetten- oder Orangenschalen herstellen. Zestenreißer lassen das Weiße der Frucht unberührt, sodass die bitteren Teile nicht abgerieben werden.

Cupcake-Caddy: Wenn du deine Cupcakes transportieren möchtest, um sie anderen mitzubringen, ist ein spezieller Behälter praktisch, damit sie unbeschadet am Ziel ankommen.

Backpapier: Für die Cupcakes selbst zwar nicht nötig, wohl aber für die Whoopie Pies in diesem Buch. Oder wenn du Verzierungen herstellen oder Obst trocknen möchtest.

und so gelingt's!

Lies das Rezept! Das klingt zwar eigentlich selbstverständlich, aber wie oft stellt man plötzlich mitten beim Backen fest, dass ein Gerät oder eine Zutat fehlt? Daher studiere sorgfältig die Zubereitung und stell alles auf dem Tisch bereit, bevor du loslegst.

Richte dich exakt nach dem Rezept. Beim Backen müssen alle Mengenangaben der Zutaten stimmen. Und auch, wie sie zusammengefügt werden, ist wichtig. Die Reihenfolge der Schritte muss absolut korrekt sein. Wenn du hiervon abweichst, kann es sein, dass das Rezept misslingt. Manchmal scheint ein Teig vielleicht zu flüssig zu sein, aber mach dir keine Sorgen und vertrau der Ausgewogenheit unserer Rezepte. Der Einfachheit halber haben wir das Backpulver übrigens in Teelöffeln angegeben, dabei entspricht 1 Teelöffel 3 Gramm.

Den Teig solltest du unbedingt fünf Minuten lang rühren. So werden die Zutaten optimal vermengt. Aber achte auch darauf, dass der Teig luftig genug wird. In diesem Buch findest du hauptsächlich Rezepte für große Cupcakes. Natürlich kannst du auch kleinere Versionen davon backen. Denk daran, dass dann die Backzeit kürzer, die Temperatur aber höher sein sollte, damit die Cupcakes auch gut durchbacken.
Da kein Ofen ist wie der andere, solltest du vor allem beim ersten Mal nach der angegebenen Zeit mit einem Holzspieß prüfen, ob die Cupcakes fertig sind. Wenn Teig am Spieß kleben bleibt, müssen sie noch etwas länger in den Ofen. Danach kannst du selbst abschätzen, wann der richtige Zeitpunkt ist, sie herauszuholen.

In etwa gilt:

- Große Cupcakes backt man 20–22 Minuten bei 180 °C,
- mittelgroße Cupcakes backt man 16–18 Minuten bei 200 °C.

Öffne den Ofen während des Backvorgangs so wenig wie möglich, damit die Cupcakes nicht zusammenfallen. Nach dem Backen solltest du sie gründlich auskühlen lassen, bevor du dich an die Verzierung

süß = gut

machst. Sonst kann es passieren, dass der Cupcake zusammensackt und das Frosting auf dem warmen Teig davonschmilzt.

Am Ende der Backzeit sollten die Cupcakes gut aufgegangen, an der Oberseite goldbraun und leicht aufgesprungen sein.

Die meisten Rezepte in diesem Buch sind für ungefähr zwanzig große Cupcakes berechnet. Ideal für eine Party oder wenn du anderen damit eine Freude bereiten möchtest, für den Alltag aber vielleicht oft zu viel auf einen Schlag. Wenn dir die Hälfte ausreicht, dann teile die Mengenangaben des Rezepts einfach durch zwei!

Bewahre die Cupcakes in einem luftdicht verschlossenen Behälter auf, am besten bei Zimmertemperatur. Die Cupcakes inklusive Frosting sind dann noch gut zwei Tage haltbar. Du kannst sie auch in den Kühlschrank stellen, solltest sie aber ein bis zwei Stunden vor dem Servieren herausholen.

„Kann das stimmen?", fragen viele Leute, wenn sie die Mengenangabe für den Puderzucker im Frosting sehen. Und „Das ist ja so süß, muss das sein?", ist die nächste Frage, die oft gestellt wird. Ja, das muss so sein! Echte amerikanische Cupcakes sind süß und sollten es auch sein. Der Zucker gibt dem Frosting Struktur, also nicht weniger nehmen als im Rezept angegeben! Wenn du es weniger süß magst, verwende stattdessen lieber weniger Frosting.

BASICS

✳ Das Frosting

Für die echten Lily's Cupcakes verwenden wir nur amerikanisches Frosting, keine Glasur. Das Frosting lässt sich gut aufspritzen, aber auch streichen. Hier zeigen wir dir die drei wichtigsten Techniken.

✳ Lily's Cupcakes-Style

Die Konditoren von Lily's Cupcakes sind sehr geschickt im Spritzen sogenannter Rosetten. Sie gestalten Tausende hintereinander, und alles von Hand. Sieht sehr professionell aus. Mit ein bisschen Übung kannst du das auch!

1. Einen sauberen Spritzbeutel verwenden. Am hygienischsten ist ein Spritzbeutel aus Plastik, der nach dem Gebrauch weggeworfen wird.
2. Die passende Tülle am unteren Ende des Beutels befestigen. Für eine Rosette ist eine sternförmige Tülle ideal.
3. Den oberen Teil des Spritzbeutels wie eine Manschette über eine Hand falten. So bleibt der Beutel weit geöffnet, während die andere Hand das Frosting hineinlöffelt.
4. Den Spritzbeutel zu drei Vierteln mit dem Frosting füllen und die Luft entweichen lassen.
5. Wenn noch Luft in der Masse ist, kann man keine schönen Formen spritzen. Achtung: Der Rand sollte sauber bleiben.
6. Den Spritzbeutel zudrehen und mit der oberen Hand fest dagegendrücken.
7. Jetzt wird die Rosette geformt: Von der Mitte des Cupcakes aus steuert die untere Hand den Spritzbeutel mit dem Zeigefinger, der um den Beutel gekrümmt ist, und hält die Tülle stets im gleichen Winkel.
8. Zum Abschluss keinen Druck mehr auf den Spritzbeutel ausüben und im letzten Moment mit einem Ruck die Tülle hochziehen.

19

* Magnolia Bakery Swirl

Auch in der berühmten Magnolia Bakery in New York wird das Frosting von Hand auf die Cupcakes gestrichen. Weil die Kunstwerke dort vor den Augen unzähliger Touristen gestaltet werden, wimmelt es bei YouTube von Videos, die zeigen, wie's geht. Die Technik scheint auf den ersten Blick sehr einfach, ist aber unglaublich schwierig. Zum Glück schmecken selbst gebackene Cupcakes auch dann großartig, wenn die ersten Versuche noch etwas schief aussehen.

1. Mit einer großen Palette eine ordentliche Portion Frosting aus der Schüssel heben.
2. Den Cupcake in die Hand nehmen und das Frosting mit der Palette auftragen.
3. Mit der flachen Seite der Palette das Frosting gründlich auf dem Cupcake verstreichen, bis es an die Kante des Förmchens reicht und wie eine Scheibe auf dem Cupcake liegt.
4. Jetzt die Spitze der Palette in einem schrägen Winkel am Cupcake-Rand aufsetzen und kreisförmig zur Mitte drehen. Am Ende die Palette hochziehen und so eine schöne Spitze gestalten.
5. Nach dieser Spiralbewegung die Palette in entgegengesetzter Richtung erneut zur Mitte drehen, sodass ein doppelter Wirbel entsteht. Just like that!

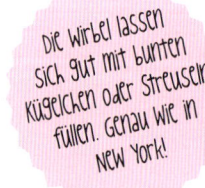

Die Wirbel lassen sich gut mit bunten Kügelchen oder Streuseln füllen. Genau wie in New York!

✳ Sprinkles L.A.-Methode

Die Cupcake-Manie nahm zwar schon Ende der Neunzigerjahre in New York ihren Anfang, trotzdem eröffnete erst 2005 in Beverly Hills der weltweit erste Laden, der ausschließlich Cupcakes verkaufte. Die erste echte Cupcakery! Die „Gourmet Cupcakes" von Sprinkles waren bei den Stars sofort beliebt. Katie Holmes, Oprah Winfrey, Barbra Streisand, Tyra Banks, Paris Hilton, Dr. Phil und Jake Gyllenhaal reihten sich in die lange Schlange ein, die sich Tag für Tag vor dem Laden bildete. Inzwischen sind die Sprinkles-Cupcakeries in vielen amerikanischen Städten zu Hause, unter anderem in New York. Und es gibt Pläne, nach Tokio und London zu expandieren.

Das Sprinkles-Frosting sieht einfach nachzuahmen aus, doch die Mitarbeiter der Kette müssen erst einen einwöchigen Kurs belegen, bevor sie sich offiziell daran versuchen dürfen!

1. Mit einer großen Palette einen ordentlichen Schwung Frosting aus der Schüssel heben.
2. Den Cupcake in die Hand nehmen und das Frosting auftragen.
3. Mit der Palette das Frosting rundherum gleichmäßig verstreichen und andrücken, bis es wie eine Scheibe aufliegt.
4. Jetzt mit der Palette das Frosting rund um den Cupcake „befestigen". Die Ränder glatt streichen und überstehendes Frosting zurück in die Schüssel geben. Wichtig ist, dass der Cupcake an den Seiten vollständig mit Frosting bedeckt ist, sodass kein Teig mehr zu sehen ist.

Die glatte Oberfläche ist ideal für schöne feste Verzierungen, zum Beispiel eine Blüte aus Marzipan. Looks great!

✳ verzierungen selbst gemacht

Cupcakes lassen sich auf unendlich viele Arten verzieren. Es gibt dicke Bücher, in denen es um nichts anders geht als um die Dekoration von Cupcakes! In diesem Buch beschränken wir uns hauptsächlich auf gute Rezepte und einige Grundtechniken für das Aufspritzen und Auftragen von Frostings. Aber natürlich möchten wir euch ein paar hübsche Verzierungen, die leicht nachzumachen sind, nicht vorenthalten:

✳ Marzipandekorationen

Marzipanrosen sind eine klassische und edle Verzierung, die sich für alle Cupcakes eignet und sie zu einem perfekten Geschenk machen. Man braucht dafür lediglich Marzipanrohmasse und vielleicht etwas Lebensmittelfarbe. Hier die Anleitung für eine kleine Rosenblüte:

1. Ein paar Tropfen flüssige Lebensmittelfarbe in das Marzipan einarbeiten, bis es eine schöne gleichmäßige Farbe annimmt.
2. Ein kleines Stück abnehmen und zu einem Kegel kneten.
3. Das restliche Marzipan zu einer Rolle formen und in acht Scheiben schneiden.
4. Die acht Scheiben mit dem Daumen, einer Palette oder zwischen zwei Lagen Frischhaltefolie flach drücken.
5. Diese Kreise als Blütenblätter um den Kegel herumfalten. Fertig ist eine schöne Rose in voller Blüte!

Für andere Verzierungen aus Marzipan die Arbeitsfläche mit etwas Mehl bestäuben. Das Marzipan mit einem Nudelholz maximal 0,5 Zentimeter dick ausrollen und beliebige Formen ausstechen. Zum Schluss beispielsweise die Blütenblätter einer Blume oder die Flügel eines Schmetterlings leicht biegen, um die ausgestochenen Motive etwas plastischer erscheinen zu lassen.

✳ Kandierte Blüten

Selbst kandierte Blüten sind eine niedliche Dekoration, mit der man ordentlich Eindruck schinden kann. Du brauchst dafür eine Handvoll essbarer Blüten, zum Beispiel Veilchen (unbedingt darauf achten, dass die Sorte auch wirklich essbar ist und die Blumen nicht gespritzt wurden), ein Eiweiß und etwas feinsten Zucker (auf keinen Fall Puderzucker verwenden, sonst wird's eine ziemlich klebrige Angelegenheit).

1. Das Eiweiß in eine saubere Schüssel geben und schaumig schlagen.
2. Mit einem Pinsel jedes Blättchen oder jede Blüte vollständig mit dem Eiweiß bestreichen.
3. Anschließend die Blättchen vorsichtig im Zucker wenden (dabei mit einer Pinzette festhalten) bzw. damit bestreuen. Überschüssigen Zucker abschütteln.
4. Die gezuckerten Blüten und Blätter auf einen Bogen Backpapier legen und mit einem zweiten Bogen bedecken.
5. An einem warmen, luftigen Ort oder auf niedrigster Stufe mit Umluft im Ofen trocknen (die Tür einen Spalt geöffnet lassen), bis die Blüten richtig trocken und knusprig sind.
6. Die Blüten lassen sich zwei Tage zwischen zwei Lagen Backpapier in einer luftdicht verschlossenen Dose aufbewahren.

✳ Getrocknete Früchte

Getrocknete Früchte sind eine hübsche Verzierung, vor allem, wenn man das jeweils im Rezept angegebene Obst verwendet. Also getrocknete Ananaswürfel für die Piña-Colada-Cupcakes, getrocknete Erdbeeren für die Strawberry Cheesecakes oder eine getrocknete Bananenscheibe für die Banoffee Cupcakes.

Getrocknete Früchte selbst herzustellen, ist supereinfach. Hierfür die Frucht in dünne Scheiben schneiden und bei 100 °C für ca. 45 Minuten auf einem mit Backpapier ausgelegten Gitter im Ofen trocknen (die Tür einen Spalt geöffnet lassen).
Bei größeren Obststücken wie zum Beispiel Erdbeeren oder Ananasecken verdoppelt sich die Backzeit.

✱ vanille-ESSENZ Schritt für Schritt selbst herstellen

Wir von Lily's Cupcakes stellen gern so viele Zutaten wie möglich selbst her. In den Rezepten in diesem Buch wird daher häufig auf selbst gemachte Vanille-Essenz verwiesen. Hier verraten wir dir unser Rezept.

zutaten

140 ml Milch
120 ml Sahne
1 Vanillestange

zubereitung

1. Milch und Sahne in einen Topf geben und die Vanillestange zufügen.
2. Auf niedriger Stufe erwärmen, aber nicht zum Kochen bringen. Ziel ist, dass die Vanillestange ihren Geschmack abgibt, ohne dass die Flüssigkeit reduziert wird.
3. Die Mischung 5 Minuten erhitzen. Danach den Topf vom Herd ziehen und die Vanillestange entfernen.
4. Das Mark auskratzen und zur Sahnemischung geben.
5. Das Ganze auf Zimmertemperatur abkühlen lassen und erst dann weiterverarbeiten.

Die Zutaten können auch auf niedrigster Stufe in der Mikrowelle erhitzt werden.

* Wasserbad – wie funktioniert das?

Bei einigen Rezepten in diesem Buch wird Schokolade im Wasserbad geschmolzen. Das funktioniert wie folgt:

1. Einen Topf zu zwei Dritteln mit Wasser füllen und auf dem Herd erhitzen.
2. Sobald das Wasser kocht, die Temperatur zurückdrehen und eine hitzebeständige Schüssel oder einen kleineren Topf mit der gehackten Schokolade daraufsetzen.
3. Die Schüssel darf das Wasser nicht berühren, da die Schokolade sonst zu schnell heiß wird.
4. Die Schokolade erhitzt sich durch den Dampf des kochenden Wassers, so wird sie gleichmäßig warm und brennt nicht an.
5. In Ruhe abwarten, bis die Schokolade zu schmelzen beginnt.
6. Mit einem (Holz-)Löffel die Schokolade verrühren, bis sie vollständig geschmolzen ist.

Diese Technik eignet sich auch sehr gut, um Butter zu zerlassen. So ist das Risiko geringer, dass sie braun wird.

* Frisches Obst verarbeiten, aber wie?

Frisches Obst verwenden wir in mehreren Rezepten. Um es verarbeiten zu können, pürieren wir es und lassen es ein Stück weit einkochen, damit der Obstgeschmack kräftiger hervortritt. Statt frischer Früchte eignen sich dafür auch (ungezuckerte) Tiefkühlprodukte. Reste lassen sich gut für das nächste Mal einfrieren.

Pro Rezept gehen wir von ungefähr 200–250 Gramm frischem Obst aus.

1. Obst waschen und von Blättern, Kernen und dergleichen befreien.
2. Gründlich pürieren.
3. Das Mus mit der gewölbten Seite eines Löffels durch ein feines Sieb passieren und das Püree auffangen. Auf diese Weise werden bittere Kerne und Schalen herausgefiltert. Übrig bleibt angedickter Fruchtsaft.
4. Den Fruchtsaft in einem Topf erhitzen und auf ca. $\frac{1}{5}$ der ursprünglichen Menge einkochen lassen (ca. 40 Milliliter).
5. Das Ganze abkühlen lassen und erst dann weiterverarbeiten.

11.00 AM OFFICE TREAT

Wenn du deinen Kollegen einen ausgeben möchtest, kannst du natürlich auf dem Weg ins Büro schnell noch ein halbes Blech Obstkuchen kaufen. Aber machst du den anderen damit wirklich eine Freude? Stell dich lieber am Abend vorher in die Küche und zaubere Mitbringsel, die ihnen den Rest des Tages versüßen. They deserve it!

- Red velvet
- Cappuccino Love
- Death by chocolate
- Banoffee cupcake

Wenn Zitronensaft übrig bleibt, kannst du ihn in einer Eiswürfelform fürs nächste Mal einfrieren.

Der Red Velvet ist nach dem absoluten Klassiker, dem Vanilla Cupcake, der beliebteste Cupcake in New York, L.A. und London. Er ist der Favorit von Promis wie Katie Holmes und Jessica Alba. Seinen Ursprung findet er in einem alten Kuchenrezept mit Kakao und weißer Glasur aus dem Süden der USA. Da der Kakao früher noch nicht raffiniert wurde, bekam der Kuchen eine hellrote Farbe. Weil Lily keine künstlichen Zutaten mag, verwendet sie in diesem Rezept konzentrierten Rote-Bete-Saft. Wenn du willst, kannst du ihn aber auch durch ein paar Tropfen roter Lebensmittelfarbe ersetzen, denn knallige Red Velvets sind natürlich richtig cool!

Red velvet

zutaten
für ca. 20 große cupcakes

Cupcakes:
500 ml Rote-Bete-Saft
90 g zimmerwarme Butter
300 g feinster Zucker
100 ml Öl
2 Eier
270 g Mehl (Type 405)
30 g Kakao
3 TL Backpulver
1 Prise Salz
120 ml Sahne

Frosting:
100 g Doppelrahm-
Frischkäse
150 g zimmerwarme Butter
500 g Puderzucker
2 EL frisch gepresster
Zitronensaft

zubereitung

1. Den Backofen auf 180 °C vorheizen.
2. Für den Teig den Rote-Bete-Saft zum Kochen bringen und in einer halben Stunde bei niedriger Temperatur langsam auf 150 Milliliter einkochen lassen.
3. Butter, Zucker, Öl und Eier (Zimmertemperatur) in einer Schüssel zu einer homogenen Masse verrühren.
4. Das Mehl sieben und mit Kakao und Backpulver dazugeben. Eine Prise Salz zufügen und alles sorgfältig verrühren.
5. Den eingekochten Rote-Bete-Saft vom Herd nehmen und abkühlen lassen (damit es schneller geht, den Topf eventuell in eine Schüssel mit Eiswasser stellen), mit der Sahne vermischen und die gesamte Flüssigkeit in einem dünnen Strahl unter Rühren zum Teig gießen.
6. Alles ca. 5 Minuten zu einem luftigen Teig verrühren.
7. Die Cupcakeförmchen zu zwei Dritteln mit dem Teig füllen und 20 Minuten auf mittlerer Schiene im vorgeheizten Ofen backen. Anschließend die Cupcakes gut auskühlen lassen.
8. Währenddessen für das Frosting Frischkäse, Butter und Puderzucker zusammen in eine Schüssel geben und gut vermischen.
9. Wenn alles ordentlich verrührt ist, vorsichtig den Zitronensaft zugeben und das Ganze zu einer cremigen, glatten, aber festen Masse vermengen.
10. Das Frosting mit einer Palette auf die vollständig abgekühlten Cupcakes streichen. Nach Wunsch verzieren.

Frisch gemah-
lener Kaffee behält sein
unverfälschtes, kräftiges
Aroma, wenn man ihn ein-
friert. Achte darauf, dass er nicht
feucht wird, und bewahre ihn in
einem gefrierfesten
Behälter auf. So
hast du noch lan-
ge Freude an
ihm.

Bei der Zubereitung von diesem Rezept fühlst du dich wie ein echter Barista. Du verarbeitest die besten Espressobohnen und verzierst die Cupcakes mit einem schönen sahnigen Frosting. Das Ergebnis sind wahre Kunstwerke, die deinen Tag retten. Let them eat cupcakes!

cappuccino Love

zutaten
für ca. 20 große cupcakes

Cupcakes:
140 ml Milch
120 ml Sahne
10 g (frisch) gemahlene Espressobohnen
90 g zimmerwarme Butter
300 g feinster Zucker
100 ml Öl
2 Eier
270 g Mehl (Type 405)
30 g Kakao
3 TL Backpulver
1 Prise Salz

Frosting:
70 ml Sahne
20 g ganze Kaffeebohnen
250 g zimmerwarme Butter
500 g Puderzucker

zubereitung

1. Für das Frosting die Sahne mit den Kaffeebohnen erhitzen, bis sie beinahe kocht. Vom Herd nehmen und eine halbe Stunde abkühlen lassen, bis die Sahne das Aroma der Bohnen angenommen hat. Dann die Kaffeebohnen entfernen.
2. Für den Teig Milch und Sahne in eine Schüssel geben und den gemahlenen Espresso zufügen. Das Ganze erhitzen, aber nicht zum Kochen bringen (zum Beispiel abgedeckt in der Mikrowelle auf niedrigster Stufe). Anschließend abkühlen lassen.
3. Den Backofen auf 180 °C vorheizen.
4. Butter, Zucker, Öl und Eier (Zimmertemperatur) in einer Schüssel zu einer homogenen Masse verrühren.
5. Das Mehl sieben und mit Kakao und Backpulver zu der Butter-Mischung geben. Eine Prise Salz zufügen und vorsichtig verrühren.
6. Die abgekühlte Espressosahne in einem dünnen Strahl zugießen und gut 5 Minuten rühren, bis der Teig schön luftig ist.
7. Die Cupcakeförmchen zu zwei Dritteln mit dem Teig füllen und auf mittlerer Schiene 20 Minuten im vorgeheizten Ofen backen. Anschließend abkühlen lassen. Währenddessen das Frosting fertigstellen.
8. Butter und Puderzucker in eine Schüssel geben und mit dem Rührgerät zu einer homogenen Masse verrühren.
9. Sobald die Kaffeesahne auf Zimmertemperatur abgekühlt ist, das Butter-Zucker-Gemisch nach und nach zugeben und vorsichtig einrühren, bis es sich vollständig mit der Sahne vermischt hat.
10. Das Cappuccinofrosting auf die Cupcakes spritzen.

um vanillezucker selber herzustellen, gib 200 g zucker mit einer aufgeschnittenen vanille- schote in eine luftdicht verschlosse- ne dose. bereits nach einer woche hat der zucker das aroma angenommen.

Es ist eine gefährliche Liebe, die Liebe zur Schokolade. Also Vorsicht beim Death by Chocolate, denn er ist nur etwas für echte Schokoholics. Natürlich verwenden wir nur beste Schokolade mit mindestens 70 % Kakaoanteil und zaubern damit die köstlichsten Cupcakes. Mit einem Death by Chocolate kommst du bestimmt gut durch den Tag!

 # Death by Chocolate

Zutaten
für ca. 20 große Cupcakes

Cupcakes:
225 g Zartbitterschokolade
210 g zimmerwarme Butter
125 ml Milch
125 g feinster Zucker
  1 Päckchen Vanille-
    zucker (ca. 8 g)
  3 große Eier
310 g Mehl (Type 405)
  3 TL Backpulver
  1 Prise Salz

Frosting:
250 g zimmerwarme Butter
500 g Puderzucker
  70 g Zartbitterschokolade
  65 ml Sahne

Zubereitung

1. Den Backofen auf 160 °C vorheizen.
2. Für den Teig die Schokolade im Wasserbad schmelzen (s. S. 26). Die Butter goldgelb zerlassen, aber nicht braun werden lassen (zum Beispiel in der Mikrowelle auf niedrigster Stufe).
3. Erst Butter, dann Milch zur Schokolade geben.
4. Zucker, Vanillezucker und Eier (Zimmertemperatur) in einer Schüssel zu einer homogenen Masse verrühren.
5. Das Mehl sieben und mit Backpulver und Salz zu der Zucker-Ei-Masse geben. Anschließend das Schokoladengemisch zufügen und alles gut vermengen.
6. Die Cupcakeförmchen zu zwei Dritteln mit Teig füllen und im vorgeheizten Ofen für 20 Minuten auf mittlerer Schiene backen. Anschließend die Cupcakes vollständig abkühlen lassen.
7. Währenddessen für das Frosting Butter und Puderzucker in eine Schüssel geben und zu einer homogenen Masse verrühren.
8. Die Schokolade in kleine Stückchen brechen, in eine mikrowellengeeignete Schüssel geben und Sahne zugießen. Abgedeckt bei niedrigster Stufe erhitzen, bis die Schokolade vollständig geschmolzen ist. Auf Zimmertemperatur abkühlen lassen.
9. Butter und Zucker nach und nach zur Schokoladensahne geben und so lange verrühren, bis alles gut miteinander vermischt ist.
10. Das Schokofrosting auf die abgekühlten Cupcakes spritzen.

DULCE de Leche lässt sich leicht selber herstellen. Dafür legst du eine Dose Kondensmilch für ca. 3 Stunden in einen Topf kochendes Wasser. Die Dose muss vollständig mit Wasser bedeckt sein! Königin Máxima ist so verrückt nach dieser Leckerei, dass sie sogar ihre Hochzeitstorte damit hat verzieren lassen!

Banoffee (eine Kombination aus Banane und Toffee) ist eine englische Erfindung der Siebzigerjahre. Und wie sollten wir ohne sie leben? Lily ist regelrecht süchtig nach Jamie Olivers Banoffee Pie, der die Inspiration für diese köstliche Cupcake-Variante gegeben hat. Delicious!

 Banoffee cupcake

zutaten
für ca. 20 große cupcakes

Cupcakes:
 90 g zimmerwarme Butter
190 g feinster Zucker
200 g Dulce de Leche
100 ml Öl
  2 Eier
  1 reife Banane
100 ml Milch
300 g Mehl (Type 405)
  3 TL Backpulver
  1 Prise Salz

Frosting:
250 g zimmerwarme Butter
470 g Puderzucker
  2 EL Dulce de Leche
  2 EL Milch
 50 g reife, zerdrückte
     Banane

zubereitung

1. Den Backofen auf 180 °C vorheizen.
2. Für den Teig Butter, Zucker, Dulce de Leche, Öl und Eier (Zimmertemperatur) in einer Schüssel zu einer homogenen Masse verrühren.
3. Die Banane schälen und gut zerdrücken. Milch zufügen und beides ordentlich vermischen.
4. Das Mehl sieben und mit dem Backpulver zu der Buttermasse geben. Die Bananenmischung und eine Prise Salz zufügen und alles zu einem glatten Teig verrühren.
5. Die Cupcakeförmchen zu zwei Dritteln mit dem Teig füllen und 20 Minuten auf mittlerer Schiene im vorgeheizten Ofen backen. Anschließend die Cupcakes abkühlen lassen.
6. Für das Frosting Butter und Puderzucker in einer Schüssel schaumig schlagen.
7. Dulce de Leche, Milch und Bananenmus zusammen in eine Schüssel geben und zu einer homogenen Masse verrühren.
8. Das Butter-Zucker-Gemisch nach und nach zugeben. So lange rühren, bis alles gut vermischt ist.
9. Das Banoffeefrosting mit einem Spritzbeutel auf die abgekühlten Cupcakes spritzen.

12.30 PM LAZY SUNDAY LUNCH

Was gibt es Schöneres, als den Sonntag in aller Ruhe zu beginnen? Frischen Saft auszupressen und stapelweise Zeitungen und Zeitschriften zu lesen? Bevor man sich versieht, ist der Morgen vorbei und die Mittagszeit steht kurz bevor. Aber hast du heute wirklich Lust auf ein Sandwich? Nein, natürlich nicht. Heute gibt es Cupcakes zum Lunch!

Sparkling vanilla
Orange Delight
Very Berry Vanilla
Lemon Twist

In gut sortierten Supermärkten bekommst du Lebensmittelfarbe zum Färben des Vanillefrostings. Du kannst es beispielsweise in 4 Portionen aufteilen und rot, grün, blau und gelb einfärben. Wenn du dazu noch fröhliche bunte Streusel kaufst, bist du bestens gewappnet für ein lustiges Kinderfest!

Der Sparkling Vanilla ist die Mutter aller Cupcakes. Für diesen himmlischen Geschmack steht man auch mal gerne Schlange. Andere Konditoren bereiten das Frosting gerne in vielen bunten Farben zu. Lily mag es lieber weiß und bestäubt die Cupcakes mit Glitzerpulver, wodurch man mit Recht von einem Sparkling Vanilla sprechen kann. Er funkelt dir nur so entgegen!

 # Sparkling vanilla

zutaten
für ca. 20 große Cupcakes

Cupcakes
    selbst gemachte
    Vanille-Essenz
    (s. S. 25)
 90 g zimmerwarme Butter
300 g feinster Zucker
100 ml Öl
  2 große Eier
300 g Mehl (Type 405)
  3 TL Backpulver
  1 Prise Salz
  3 EL Milch

Frosting:
250 g zimmerwarme Butter
500 g Puderzucker
  3 EL selbst gemachte
    Vanille-Essenz
    Essbares Glitzerpulver
    (erhältlich in gut sor-
    tierten Supermärkten
    oder im Internet)

zubereitung

1. Die Vanille-Essenz wie auf Seite 25 beschrieben selbst herstellen.
2. Den Backofen auf 180 °C vorheizen.
3. Für den Teig Butter, Zucker, Öl und Eier (Zimmertemperatur) in einer Schüssel zu einer homogenen Masse verrühren.
4. Das Mehl sieben und mit Backpulver und Salz zu der Butter-Zucker-Mischung geben. Sorgfältig miteinander vermischen.
5. Vanille-Essenz für das Frosting abnehmen und die restliche Menge zusammen mit der Milch zum Teig geben.
6. Alles 5 Minuten zu einem luftigen Teig verrühren.
7. Die Cupcakeförmchen zu zwei Dritteln mit Teig füllen und im vorgeheizten Ofen 20 Minuten auf mittlerer Schiene backen. Anschließend die Cupcakes abkühlen lassen.
8. Für das Frosting Butter und Puderzucker in einer Schüssel verrühren.
9. Wenn Butter und Zucker gut vermischt sind, vorsichtig die übrige Vanille-Essenz in einem dünnen Strahl zugießen und alles zu einer cremigen und festen Masse verrühren.
10. Das Frosting in einen Spritzbeutel füllen und auf die abgekühlten Cupcakes aufspritzen. Für den echten Glitzereffekt anschließend mit essbarem Glitzerpulver verzieren.

Orangen-
blütenwasser
bekommt man im
Bioladen.

Offiziell verwendet
Lily keine künstlichen
Farbstoffe, aber für
das echte Orangenfeeling
könnte eine Ausnahme
gemacht werden...

Um so viel Saft wie
möglich aus der Orange
zu pressen, erwärmst du sie
am besten für 20 Sekunden in
der Mikrowelle und rollst sie
anschließend kurz über
den Tisch.

Orange ist die Farbe der Niederlande, Lilys Heimat. Kein Wunder, dass sie den Orange Delight an besonderen Festtagen für ihre Freundinnen backt! Doch auch sonst ist dieser fruchtige Cupcake wie geschaffen für einen süßen, sommerlichen Sonntagslunch. Enjoy!

orange Delight

zutaten
für ca. 20 große cupcakes

Cupcakes:
 90 g zimmerwarme Butter
300 g feinster Zucker
100 ml Öl
 2 Eier
300 g Mehl (Type 405)
 3 TL Backpulver
 1 Prise Salz
 Saft von 2 Orangen
100 ml Milch
120 ml Sahne
 1 EL Orangenblüten-
 wasser

Frosting:
250 g zimmerwarme Butter
500 g Puderzucker
 1 EL abgeriebene
 Bio-Orangenschale
 2 EL Milch
 2 EL Orangenblüten-
 wasser

zubereitung

1. Den Backofen auf 180 °C vorheizen.
2. Für den Teig Butter, 280 Gramm Zucker, Öl und Eier (Zimmertemperatur) in einer Schüssel zu einer homogenen Masse verrühren.
3. Das Mehl sieben und mit Backpulver und Salz zu dem Butter-Zucker-Gemisch geben und gut vermengen.
4. Den Orangensaft zusammen mit dem restlichen Zucker vorsichtig zum Kochen bringen. Auf etwa 3 Esslöffel Sirup einkochen und auf Zimmertemperatur abkühlen lassen.
5. Den Orangensirup mit Milch, Sahne und Orangenblütenwasser vermischen. Die gesamte Flüssigkeit zum Teig geben und alles ca. 5 Minuten zu einer luftigen Masse rühren.
6. Die Cupcakeförmchen zu zwei Dritteln mit dem Teig füllen und 20 Minuten auf mittlerer Schiene im vorgeheizten Ofen backen. Die Cupcakes abkühlen lassen.
7. Für das Frosting Butter, Puderzucker und Orangenschale in einer Schüssel sorgfältig verrühren.
8. Milch mit Orangenblütenwasser vermischen.
9. Wenn die Buttermasse gut vermengt ist, vorsichtig die Orangenblütenmilch zugießen und alles cremig rühren.
10. Das Frosting in einen Spritzbeutel füllen und auf die abgekühlten Cupcakes spritzen. Zum Schluss nach Wunsch dekorieren, z.B. mit Orangenzesten.

Statt frischem Obst kannst du auch Tiefkühlprodukte verwenden. Ebenso eignen sich Waldfrüchte oder tropisches Obst.

Sweetness all over in diesem Klassiker. Ein luftiger Vanille-Cupcake mit herrlichem Frosting aus roten Früchten. Diese Kreation von Lily weckt die Erinnerung an einen verliebten Frühlingstag in dir. Genieß ihn daher am besten auch nicht allein!

 # very berry vanilla

zutaten
für ca. 20 große cupcakes

Cupcakes:
selbst gemachte
Vanille-Essenz
(s. S. 25)
90 g zimmerwarme Butter
300 g feinster Zucker
100 ml Öl
2 Eier
300 g Mehl (Type 405)
3 TL Backpulver
1 Prise Salz

Frosting:
250 g frische rote Früchte
250 g zimmerwarme Butter
500 g Puderzucker

zubereitung

1. Die Vanille-Essenz herstellen wie auf Seite 25 beschrieben.
2. Für das Frosting das Obst putzen, in der Küchenmaschine pürieren und anschließend durch ein feines Sieb passieren. Den Saft auffangen und vorsichtig in einem Topf erhitzen, bis er auf 4–5 Esslöffel (ca. 40 ml) eingekocht ist. Abkühlen lassen.
3. Den Backofen auf 180 °C vorheizen.
4. Für den Teig Butter, Zucker, Öl und Eier (Zimmertemperatur) in einer Schüssel zu einer homogenen Masse verrühren.
5. Das Mehl sieben und mit Backpulver und Salz zu der Masse geben. Alles gut durchrühren.
6. Die selbst gemachte Vanille-Essenz zugießen und 5 Minuten weiterrühren, bis der Teig schön luftig ist.
7. Die Cupcakeförmchen zu zwei Dritteln mit dem Teig füllen und 20 Minuten im vorgeheizten Ofen auf mittlerer Schiene backen. Die Cupcakes anschließend abkühlen lassen.
8. Währenddessen für das Frosting Butter und Puderzucker sorgfältig vermischen.
9. Sobald die Mischung homogen ist, vorsichtig den abgekühlten Fruchtsirup (maximal 40 Milliliter) in einem dünnen Strahl zugießen und gut verrühren. Wenn mehr Flüssigkeit nötig ist, einen Esslöffel Milch zugeben.
10. Das Frosting in einen Spritzbeutel geben und auf die abgekühlten Cupcakes spritzen. Zum Abschluss nach Wunsch dekorieren.

Die Zitrone verarbeitest du am besten in zwei Schritten: erst die Schale abreiben, dann den Saft auspressen. Achte darauf, die weiße Haut der Zitrone unberührt zu lassen. Die schmeckt nämlich sehr bitter!

Mit dem Zestenreißer kannst du lange feine Streifen der Zitronenschale abziehen. Leg sie ein paar Minuten in Zuckerwasser ein und lass sie anschließend trocknen. So erhältst du eine schöne, frische Deko!

Der Lemon Twist ist ein herrlich frischer und eigensinniger Cupcake. Die Zitrone sorgt in diesem Rezept für eine köstliche saure Note. Der perfekte Energieschub für den Tag! C'mon everybody, let's do the twist!

 # Lemon Twist

Zutaten
für ca. 20 große Cupcakes

Cupcakes:
  90 g zimmerwarme Butter
300 g feinster Zucker
100 ml Öl
  2 Eier
300 g Mehl (Type 405)
  3 TL Backpulver
  1 Prise Salz
100 ml Milch
120 ml Sahne
  40 ml frisch gepresster
        Zitronensaft
        Abrieb von
        2 Bio-Zitronen

Frosting:
250 g zimmerwarme Butter
500 g Puderzucker
        Abrieb von
        ½ Bio-Zitrone
  2 EL Zitronensaft
  2 EL Milch

Zubereitung

1. Den Backofen auf 180 °C vorheizen.
2. Für den Teig Butter, Zucker, Öl und Eier (Zimmertemperatur) in einer Schüssel zu einer homogenen Masse verrühren.
3. Das Mehl sieben und mit Backpulver und Salz zu der Masse geben. Alles gut miteinander vermengen.
4. Milch und Sahne in eine zweite Schüssel geben und mit Zitronenabrieb und -saft vermischen.
5. Die Milch-Zitronen-Sahne zum Teig geben und ca. 5 Minuten rühren, bis der Teig schön luftig ist.
6. Die Cupcakeförmchen zu zwei Dritteln mit Teig füllen und 20 Minuten im vorgeheizten Ofen auf mittlerer Schiene backen. Die Cupcakes anschließend vollständig abkühlen lassen.
7. Für das Frosting Butter, Puderzucker und Zitronenabrieb in eine Schüssel geben und sorgfältig verrühren.
8. Zitronensaft und Milch vermischen.
9. Die Flüssigkeit vorsichtig zu der Buttercreme gießen und rühren, bis die Masse cremig ist, aber eine feste Konsistenz hat.
10. Das Frosting in einen Spritzbeutel füllen und auf die abgekühlten Cupcakes spritzen. Nach Wunsch verzieren.

15.00 PM TEA TIME

Der Afternoon Tea ist ein großartiger Zeitpunkt, um sich mit Cupcakes zu verwöhnen.
Der Lunch liegt schon wieder ein Weilchen
zurück, das Abendessen lässt noch ein
bisschen auf sich warten. Decke den Tisch,
lade deine liebsten Freunde ein und koche
eine gute Kanne Tee. Dazu gibt's Gurken-
sandwiches, Scones und natürlich selbst
gebackene Cupcakes!

- Lavender Tea
- Really Rosie vanilla
- vanilla Shock Whoopie
- very Berry Dark Whoopie

✻ Tipps aus der Tea Bar

Lily ist oft am Haarlemmerdijk 71 in Amsterdam zu finden, um bei ihren Freundinnen Sara Verver und Fenje Bolt Tee einzukaufen. In ihrer Tea Bar bieten sie über sechzig verschiedene Sorten an. Also der reinste Naschladen! Außerdem kann man im ersten Stock ganz entspannt bei einer herrlichen Tasse Tee und einem von Lily's Cupcakes Zeitschriften lesen.

Wir haben Sara und Fenje gefragt, welcher Tee am besten zu den Cupcakes in diesem Kapitel passt. Hier ihre Tipps:

„Am besten, du kochst vier verschiedene Tees und testest selbst, welcher dir zu welchem Cupcake schmeckt. Das Kombinieren von Geschmacksrichtungen ist sehr individuell. Tea Bar empfiehlt zu diesen Cupcakes und Whoopies einen Lady Grey, einen Rooibos, einen aromatisierten Schwarztee und einen grünen Sencha mit roten Früchten.

Lavendel und Earl Grey sind eine klassische Kombination in der Patisserie und auch beim Tee. Lass dich von dem Geschmack eines Lady Greys zum Lavender Tea Cupcake überraschen. Lady Grey, die vornehme und mit Orangenschale verfeinerte Variante des Earl Grey, verpasst dem Lavender Tea Cupcake einen frischen Touch, ein Hauch von Bergamotte betont den besonderen Geschmack des Lavendelfrostings.

Der Really Rosie Vanilla Cupcake schreit nach einem Rooibos-Tee und dessen charakteristischem holzigem Aroma. Ein aromatisierter Rooibos mit einer süßen Note wie Erdbeer, Vanille oder Karamell garantiert diesem Cupcake seinen besten Auftritt.

Zum Vanilla Shock Whoopie empfehlen wir einen aromatisierten Schwarztee mit Zimt, Kardamom oder Gewürznelke, wie den Tea Bar's Amsterdam Blend oder einen indischen Chai. Für die perfekte Balance zwischen den beiden Geschmacksrichtungen den Tee am besten mit einem Schuss Milch und etwas Zucker servieren.

Beim Afternoon Tea darf ein grüner Tee nicht fehlen. Hierzu das kochende Wasser zunächst ein paar Minuten abkühlen lassen und erst dann den Tee aufgießen. So wird er nicht bitter. Für herrliche Teemischungen mit roten Früchten dient häufig japanischer Sencha als Basis. Für den Very Berry Dark Whoopie mit seinem dunklen Schokoteig und der fruchtigen Füllung ist eine solche Komposition genau die richtige Wahl."

Ist heute ein warmer Sommertag? Dann bereite eine große Kanne Eistee vor! Mit diesem Rezept ist's schnell und einfach selbst gemacht.

zutaten

Eiswürfel
⅛ l Orangensaft
loser Tee für 1 l, zum Beispiel Lady Grey
2 EL Honig
einige Zitronenscheiben

zubereitung

1. Eiswürfel und Orangensaft in eine Karaffe füllen.
2. Einen Eiswürfel in eine Teekanne geben, losen Tee zufügen und mit 1 l heißem Wasser aufgießen; 4 Minuten (bzw. dem Tee entsprechend) ziehen lassen.
3. Mit Honig süßen.
4. Tee in die Karaffe gießen und gut verrühren.
5. Zum Servieren die Zitronenscheiben zugeben.

Wenn du hast, ver-
wende frischen Lavendel aus
dem eigenen Garten. Der hat nämlich
mehr Geschmack als die getrockneten
Blüten. Du kannst Lavendel prima kan-
dieren und als süße Dekoration verwenden.
Einfach die Spitzen der Lavendelblüten
abknipsen und den Anweisungen
auf Seite 23 folgen.

Lavendel ist bekannt für seine beruhigende Wirkung. Gibt es eine entspanntere Art, den Nachmittag zu verbringen, als sich mit einer herrlichen Tasse Tee und dem ultimativen Lavender Tea Cupcake im Sessel zu flätzen? Nein? Das haben wir uns schon gedacht.

Lavender Tea

Zutaten
für ca. 20 große Cupcakes

Cupcakes:
  10 g loser Earl Grey Tee
120 ml Sahne
140 ml Milch
90 g zimmerwarme Butter
300 g feinster Zucker
100 ml Öl
  2 Eier
300 g Mehl (Type 405)
  3 TL Backpulver
  1 Prise Salz

Frosting:
  70 g Sahne
  25 g Lavendelblüten
250 g zimmerwarme Butter
500 g Puderzucker

Zubereitung

1. Für das Frosting die Sahne mit den Lavendelblüten erhitzen, bis sie beinahe kocht. Vom Herd nehmen und eine halbe Stunde abkühlen lassen, bis die Sahne den Lavendelgeschmack angenommen hat. Dann die Blüten heraussieben.
2. Die Teeblätter in eine Schüssel geben und mit einem Mörser zermahlen.
3. Für den Teig Sahne und Milch vermischen und den zerkleinerten Tee zufügen. Das Ganze kurz erhitzen, aber nicht kochen. Die Teesahne etwas abkühlen lassen.
4. Den Backofen auf 180 °C vorheizen.
5. Butter, Zucker, Öl und Eier (Zimmertemperatur) in einer Schüssel zu einer homogenen Masse verrühren.
6. Das Mehl sieben und mit Backpulver und Salz zu der Masse geben. Alles gut vermischen.
7. Jetzt die Tee-Essenz zum Teig geben und ca. 5 Minuten rühren.
8. Die Cupcakeförmchen zu zwei Dritteln mit Teig füllen und 20 Minuten im vorgeheizten Ofen auf mittlerer Schiene backen. Anschließend herausnehmen und die Cupcakes abkühlen lassen.
9. Für das Frosting Butter und Puderzucker mit dem Mixer zu einer glatten Masse rühren.
10. Wenn Butter und Zucker vermischt sind, vorsichtig die abgekühlte Lavendelsahne in einem dünnen Strahl zugießen und verrühren, bis das Frosting cremig ist, aber eine feste Konsistenz hat.
11. Das Lavendelfrosting auf die abgekühlten Cupcakes streichen. Nach Wunsch dekorieren.

Stell ein paar Really Rosie Vanilla Cupcakes auf eine Etagere und dekoriere sie mit echten Rosen. Das sieht richtig festlich aus!

Lily's Really Rosie Vanilla wird aus echter Bourbon-Vanille und Rosenwasser gemacht. Kann es lieblichere Zutaten geben? Dieser Cupcake lässt dich hinwegträumen in ein Meer seidenweicher Rosenblüten. Sweet!

Really Rosie vanilla

Zutaten
für ca. 20 große Cupcakes

Cupcakes:
selbst gemachte
Vanille-Essenz
(s. S. 25)
90 g zimmerwarme Butter
300 g feinster Zucker
100 ml Öl
2 große Eier
300 g Mehl (Type 405)
3 TL Backpulver
1 Prise Salz
1 EL Rosenwasser
(aus der Apotheke
oder orientalischen
Supermärkten)

Frosting:
250 g zimmerwarme Butter
500 g Puderzucker
2 EL Milch
2 EL Rosenwasser

Zubereitung

1. Die Vanille-Essenz wie auf Seite 25 beschrieben zubereiten.
2. Den Backofen auf 180 °C Grad vorheizen.
3. Für den Teig Butter, Zucker, Öl und Eier (Zimmertemperatur) in einer Schüssel zu einer homogenen Masse verrühren.
4. Das Mehl sieben und mit Backpulver und Salz zu der Butter-Zucker-Mischung geben. Behutsam vermengen.
5. Vanille-Essenz und Rosenwasser mischen und anschließend zum Teig gießen. Alles ca. 5 Minuten zu einem luftigen Teig verrühren.
6. Die Cupcakeförmchen zu zwei Dritteln mit Teig füllen und 20 Minuten im vorgeheizten Ofen auf mittlerer Schiene backen. Die Cupcakes anschließend auskühlen lassen.
7. Für das Frosting Butter und Puderzucker in einer Schüssel verrühren.
8. Vorsichtig Milch und Rosenwasser in einem dünnen Strahl zugießen und cremig rühren. Die Konsistenz sollte jedoch recht fest sein.
9. Frosting in einen Spritzbeutel füllen und auf die abgekühlten Cupcakes spritzen. Wer mag, verziert sie mit kandierten Rosenblättern.

Whoo-
pie Pies werden ei-
gentlich nicht verziert. Aber
mit farbiger Glasur und
ein paar Streuseln zauberst
du auch aus diesen Leckereien
im Handumdrehen kleine
Juwelen.

Dieser Whoopie mit seinem dunklen Schokoteig und dem weißen Vanillefrosting ist die Urfassung aller Whoopies. Der Legende nach wurde er in den Zwanzigerjahren von amischen Frauen in Pennsylvania erfunden. Sie backten aus Teigresten flache runde Kuchen, die sie mit Buttercreme füllten und den Bauern mit aufs Feld gaben. Wenn die Männer ihre Lunchboxen öffneten und die Leckerei fanden, riefen sie im Chor: „Whoopie!"

vanilla Shock Whoopie

zutaten
für ca. 15 Whoopies

Whoopies:
  80 g zimmerwarme Butter
130 g feinster Zucker
  1 großes Ei
200 g Mehl (Type 405)
  75 g Kakao
  2 TL Backpulver
  1 Prise Salz
     selbst gemachte
     Vanille-Essenz
     (s. S. 25)
  2 EL Buttermilch

Füllung:
250 g zimmerwarme Butter
500 g Puderzucker
3–4 EL selbst gemachte
     Vanille-Essenz
     (s. S. 25)

zubereitung

1. Den Backofen auf 200 °C vorheizen.
2. Für den Teig Butter, Zucker und das Ei (Zimmertemperatur) in einer Schüssel zu einer homogenen Masse verrühren.
3. Das Mehl sieben und mit Kakao, Backpulver und Salz zu dem Butter-Zucker-Gemisch geben. Alles gut vermengen.
4. 3–4 Esslöffel Vanille-Essenz für das Frosting abnehmen. Die restliche Essenz mit der Buttermilch zum Teig zufügen und ca. 5 Minuten rühren, bis er schön luftig ist.
5. Den Teig in einen Spritzbeutel füllen. Ein Blech mit Backpapier auslegen und Kreise mit einem Durchmesser von ungefähr 3 Zentimetern aufspritzen (insgesamt 30–34 Stück). Zwischen den Kreisen mindestens 2 Zentimeter Abstand lassen.
6. Das Blech mit den Whoopies für 10 Minuten in den vorgeheizten Ofen schieben. Herausnehmen und vollständig abkühlen lassen.
7. Für die Füllung Butter und Puderzucker in einer Schüssel sorgfältig verrühren.
8. Wenn alles gut vermengt ist, vorsichtig die Vanille-Essenz in einem dünnen Strahl zugießen und unterziehen, bis eine cremige, aber noch feste Masse entsteht.
9. Die Füllung in einen Spritzbeutel geben und auf die flache Seite eines Whoopies spritzen. Einen zweiten Whoopie ebenfalls mit der flachen Seite daraufsetzen.

Du kannst die frischen Erdbeeren auch durch eine gute Erdbeermarmelade ersetzen. Dafür ungefähr 3 Esslöffel durch ein Sieb passieren, um alle Kerne zu entfernen. Die Original Whoopie Pies werden immer aus Schokoladenteig gebacken. Du kannst den Teig aber variieren, indem du ca. 10 Gramm fein gehackte geröstete Haselnüsse zufügst.

„Move over Cupcake, hier kommt der Whoopie!", titelten die Zeitungen 2010. Aber so schnell geht es zum Glück nicht. Der trendige Cupcake und sein braverer Cousin, der Whoopie Pie, können bestens nebeneinander bestehen. Vor allem, wenn die Füllung des Whoopies durch köstliche Erdbeeren eine süße rosa Farbe annimmt.

Very Berry Dark Whoopie

zutaten
für ca. 15 Whoopies

Whoopies:
  80 g zimmerwarme Butter
130 g feinster Zucker
  1 großes Ei
200 g Mehl (Type 405)
 75 g Kakao
  2 TL Backpulver
  1 Prise Salz
    selbst gemachte
    Vanille-Essenz
    (s. S. 25)
  2 EL Buttermilch

Füllung:
200 g reife Erdbeeren,
    Sorte „Lambada"
  2 EL Milch
250 g zimmerwarme Butter
500 g Puderzucker

zubereitung

1. Für die Füllung die Erdbeeren putzen, pürieren und durch ein feines Sieb passieren. Den Saft auffangen und in einem Topf auf 3 Esslöffel (ca. 30 ml) einkochen. Abkühlen lassen und 2 Esslöffel Milch zugeben.
2. Den Backofen auf 200 °C vorheizen.
3. Für den Teig Butter, Zucker und das Ei (Zimmertemperatur) in einer Schüssel zu einer homogenen Masse verrühren.
4. Das Mehl sieben und mit Kakao, Backpulver und Salz zum Butter-Zucker-Gemisch geben. Alles gut vermengen.
5. 3–4 Esslöffel Vanille-Essenz für die Füllung abnehmen, den Rest zusammen mit der Buttermilch zum Teig geben. Ca. 5 Minuten rühren, bis alles schön luftig ist.
6. Den Teig in einen Spritzbeutel füllen. Ein Blech mit Backpapier auslegen und Kreise mit einem Durchmesser von ungefähr 3 Zentimetern aufspritzen (insgesamt 30–34 Stück). Zwischen den Kreisen mindestens 2 Zentimeter Abstand lassen.
7. Die Whoopies für 10 Minuten in den vorgeheizten Ofen schieben. Anschließend herausnehmen und gut abkühlen lassen.
8. Für die Füllung in einer zweiten Schüssel Butter und Puderzucker gründlich verrühren.
9. In einem dünnen Strahl den Erdbeersirup langsam zugießen und alles zu einer cremigen, aber festen Masse verrühren.
10. Die Füllung in einen Spritzbeutel geben und auf die flache Seite eines Whoopies spritzen. Einen zweiten Whoopie ebenfalls mit der flachen Seite daraufsetzen.

19.30 PM THE PERFECT DESSERT

Wenn Lily eine Dinner Party gibt, muss alles
perfekt sein. Schönes Geschirr, Stoffservietten,
gute Unterhaltung und köstliches Essen.
Und natürlich: the perfect dessert. Cupcakes!

Lily's Lime Time

Crazy Coconut Cupcake

Red Velvet Whoopie

Passion Meringue
Cupcake

Ist das Frosting zu weich zum Aufspritzen, lass es vor der Verarbeitung 15 Minuten im Kühlschrank fest werden.

Frisch, sommerlich und unwiderstehlich. Die Zugabe von Frischkäse sorgt in diesem Rezept noch zusätzlich für eine leicht säuerliche Note. Bei Limonen denkt Lily immer sofort an Miami, wo die großartigen Key Lime Pies gebacken werden. Ob dieser Cupcake wohl auch zur South Beach Diet passt?

Lily's Lime Time

zutaten
für ca. 20 große cupcakes

Cupcakes:
  frisch gepresster
  Saft und Abrieb von
  2 Bio-Limetten
300 g feinster Zucker
  90 g zimmerwarme Butter
100 ml Öl
  2 große Eier
300 g Mehl (Type 405)
  3 TL Backpulver
  1 Prise Salz
100 ml Milch
120 ml Sahne

Frosting:
100 g Doppelrahm-Frisch-
  käse
150 g zimmerwarme Butter
500 g Puderzucker
  Abrieb von 1 Bio-
  Limette
  3 EL frisch gepresster
  Limettensaft

zubereitung

1. Den Backofen auf 180 °C vorheizen.
2. Für den Teig Limettensaft und -abrieb mit 20 Gramm Zucker in einen Topf geben und auf ungefähr 3 Esslöffel einkochen. Auf Zimmertemperatur abkühlen lassen.
3. Anschließend Butter, 280 Gramm Zucker, Öl und Eier (Zimmertemperatur) in einer Schüssel zu einer homogenen Masse verrühren.
4. Das Mehl sieben und mit Backpulver und Salz zum Butter-Zucker-Gemisch geben. Alles gut vermengen.
5. Milch und Sahne mit dem Limettensirup in einer zweiten Schüssel vermischen.
6. Die Limettenmilch zum Teig gießen und in 5 Minuten alles zu einer luftigen Masse verrühren.
7. Die Cupcakeförmchen zu zwei Dritteln mit dem Teig füllen und 20 Minuten lang im vorgeheizten Ofen auf mittlerer Schiene backen. Die Cupcakes vollständig abkühlen lassen.
8. Für das Frosting Frischkäse, Butter, Puderzucker und Limettenschale zusammen in eine Schüssel geben und gut vermischen.
9. Den Limettensaft langsam zugießen. Zu einer glatten, aber festen Creme verrühren.
10. Das Frosting in den Spritzbeutel füllen und auf die abgekühlten Cupcakes spritzen. Nach Wunsch verzieren.

Für besonders
sahnige cupcakes
verwenden wir die extra
cremige Kokosmilch mit
einem Fettgehalt von
mindestens 20 %.

Was kann man nicht alles mit Kokosnüssen anstellen! Einen Strohhalm hineingesteckt, und schon kannst du paradiesisch frische Kokosmilch genießen; Rum und Ananassaft dazu, und fertig ist die göttliche Piña Colada. Und, ja, auch fantastische, cremige Cupcakes lassen sich damit backen. Go crazy!

crazy coconut cupcake

zutaten
für 20 große cupcakes

Cupcakes:
  90 g zimmerwarme Butter
300 g feinster Zucker
100 ml Öl
  2 große Eier
300 g Mehl (Type 405)
  3 TL Backpulver
  1 Prise Salz
250 ml Kokosmilch

Frosting:
250 g zimmerwarme Butter
  2 EL Kokosraspel
500 g Puderzucker
  4 EL Kokosmilch
     Koskosraspel
     zum Garnieren

zubereitung

1. Den Backofen auf 180 °C vorheizen.
2. Für den Teig Butter, Zucker, Öl und Eier (Zimmertemperatur) in einer Schüssel zu einer homogenen Masse verrühren.
3. Das Mehl sieben und mit Backpulver und Salz zu der Butter-Zucker-Masse geben.
4. Die Kokosmilch zufügen und alles ca. 5 Minuten verrühren, bis ein luftiger Teig entsteht.
5. Die Cupcakeförmchen zu zwei Dritteln mit dem Teig füllen und 20 Minuten im vorgeheizten Ofen auf mittlerer Schiene backen. Die Cupcakes aus dem Ofen nehmen und gut abkühlen lassen.
6. Währenddessen für das Frosting Butter, Kokosraspel und Puderzucker in eine Schüssel geben und sorgfältig verrühren.
7. Sobald alles gut vermischt ist, die Kokosmilch in einem dünnen Strahl langsam zugießen und alles zu einer cremigen, aber festen Masse verrühren.
8. Das Frosting in den Spritzbeutel füllen und auf die abgekühlten Cupcakes spritzen.
9. Nach Belieben mit Kokosraspeln verzieren. Besonders lecker wird's mit selbst gemachten Raspeln von der frischen Frucht.

Rote-Bete-Saft färbt den Teig nicht so rot, wie du dir vielleicht wünschst. Im Supermarkt bekommt man spezielle Lebensmittelfarbe. In diesem Fall den eingekochten Saft durch 30 ml Lebensmittelfarbe ersetzen und etwas mehr Buttermilch zugeben, um insgesamt auf 150 ml Flüssigkeit zu kommen.

Es macht unheimlich viel Spaß, Whoopies zusammen mit Kindern zu backen. Also lade dir eine Horde Kinder in die Küche ein und los geht's mit Kneten, Rühren und Löffeln. Chaos auf der Arbeitsplatte garantiert! Aber wie Frank Sinatra schon sang: „That's what you get folks, for making whoopee!"

Red velvet Whoopie

Zutaten
für ca. 15 Whoopies

Whoopies:
250 ml Rote-Bete-Saft
120 g Butter
200 g feinster Zucker
  1 großes Ei
270 g Mehl (Type 405)
 30 g Kakao
  2 TL Backpulver
  1 Prise Salz
100 ml Buttermilch

Füllung:
100 g Doppelrahm-
      Frischkäse
150 g zimmerwarme Butter
500 g Puderzucker
  2 EL frisch gepresster
      Zitronensaft (ca. 10 ml)

Zubereitung

1. Den Backofen auf 200 °C vorheizen.
2. Für den Teig den Rote-Bete-Saft aufkochen und in einer halben Stunde bei niedriger Temperatur langsam auf 50 Milliliter reduzieren lassen. Anschließend abkühlen lassen (damit es schneller geht, den Topf eventuell in eine Schüssel mit Eiswasser stellen).
3. Butter, Zucker und Ei (Zimmertemperatur) in einer Schüssel vermischen. Die Zutaten zu einer homogenen Masse verrühren.
4. Das Mehl sieben und mit Kakao, Backpulver und Salz zum Butter-Zucker-Gemisch geben. Alles gut vermengen.
5. Die Buttermilch mit dem abgekühlten Rote-Bete-Sirup verrühren und zum Teig gießen. Alles ca. 5 Minuten verrühren, bis der Teig schön luftig ist.
6. Den Teig in einen Spritzbeutel füllen. Ein Blech mit Backpapier auslegen und Kreise mit einem Durchmesser von ungefähr 3 Zentimetern aufspritzen (insgesamt 30–34 Stück). Zwischen den Kreisen mindestens 2 Zentimeter Abstand lassen.
7. Die Whoopies 10 Minuten in den vorgeheizten Ofen schieben. Anschließend herausnehmen und vollständig abkühlen lassen.
8. Für das Frosting Frischkäse, Butter und Puderzucker zusammen in eine Schüssel geben und sorgfältig verrühren.
9. Wenn alles gut vermischt ist, vorsichtig den Zitronensaft zugießen und zu einer cremigen, aber festen Masse verrühren.
10. Die Füllung in einen Spritzbeutel geben und auf die flache Seite eines Whoopies spritzen. Einen zweiten Whoopie ebenfalls mit der flachen Seite daraufsetzen.

Baisers lassen sich im Ofen gut bräunen, aber wenn du zufällig einen Flambierbrenner besitzt, kannst du das Eiweiß damit perfekt und schnell goldbraun karamellisieren!

Wenn Eiweiß mit Zucker verrührt wird, geschieht vor unseren Augen ein kleines Wunder. Die ganze Struktur verändert sich, und ein magischer weißer Schaum entsteht, mit dem allerhand möglich ist, wie zum Beispiel dieser himmlische Cupcake, bei dem exotische Passionsfrucht auf zartes Baiser trifft.

Passion Meringue Cupcake

Zutaten
für ca. 20 große Cupcakes

Cupcakes:
 90 g zimmerwarme Butter
300 g feinster Zucker
100 ml Öl
  2 große Eier
300 g Mehl (Type 405)
  3 TL Backpulver
  1 Prise Salz
    selbst gemachte
    Vanille-Essenz
    (s. S. 25)
  2 Passionsfrüchte
 10 EL Aprikosen-
    marmelade

Frosting:
  3 Eiweiß
  1 TL Passionsfruchtsaft
 50 g feinster Zucker

Zubereitung

1. Den Backofen auf 180 °C vorheizen.
2. Für den Teig Butter, Zucker, Öl und Eier (Zimmertemperatur) in einer Schüssel zu einer homogenen Masse verrühren.
3. Das Mehl sieben und mit Backpulver und Salz zum Teig geben.
4. Auch die selbst gemachte Vanille-Essenz zugießen und alles 5 Minuten verrühren, bis der Teig luftig ist.
5. Die Cupcakeförmchen zu zwei Dritteln mit Teig füllen und 20 Minuten auf mittlerer Schiene im Ofen backen. Die Cupcakes aus dem Ofen nehmen und abkühlen lassen. Die Temperatur auf 200 °C erhöhen.
6. Eine Passionsfrucht aufschneiden und das Fruchtmark mit der Aprikosenmarmelade vermischen.
7. In die Mitte der abgekühlten Cupcakes ein Loch von ca. 1 Zentimeter Breite stechen und das Fruchtkompott einfüllen.
8. Die zweite Passionsfrucht in der Mitte durchschneiden und eine Hälfte für die Dekoration aufbewahren. Die Kerne der anderen Hälfte durch ein feines Sieb pressen und den Saft auffangen.
9. Für das Frosting die Eiweiße mit maximal 1 Teelöffel Passionsfruchtsaft schaumig schlagen. Nach und nach den Zucker zugeben und alles so lange rühren, bis steifer Eischnee entsteht.
10. Die Baisermasse in einen Spritzbeutel füllen und auf die Cupcakes spritzen. Das Gebäck erneut ca. 5 Minuten in den vorgeheizten Backofen stellen, bis der Eischnee goldbraun karamellisiert.
11. Mit den restlichen Passionsfruchtkernen verzieren und sofort servieren.

21.30 PM COMFORT FOOD

Cupcakes sind echte Stimmungsaufheller, wenn du mal nicht so gut drauf bist. Zusammen mit einem kitschigen Liebesfilm und ein paar Freundinnen auf dem Sofa sind Cupcakes die beste Medizin. They truly cure depression!

- Winter Wonder Cupcake
- Chocolate Cherry Cupcake
- White Chocolate Surprise
- Strawberry Cheesecake Cupcake

Wenn das erste Herbstlaub fällt, freuen sich Lily und ihre Freundinnen auf diesen leckeren Cupcake mit Möhren, Nüssen und einem würzigen Frosting aus Spekulatius. Durch die Möhren schmeckt er ein bisschen gesund und erinnert an deine Kindheit, als dir deine Mutter Tee mit Spekulatius hingestellt hat. Der Garant für einen tollen Abend!

winter wonder cupcake

zutaten
für ca. 20 große cupcakes

Cupcakes:
240 g zimmerwarme Butter
150 g Zucker
150 g brauner Zucker
　 4 Eier
300 g Mehl (Type 405)
　 5 TL Spekulatiusgewürz
　 3 TL Backpulver
　 1 Prise Salz
120 g Walnüsse
200 g geraspelte Möhren

Frosting:
250 g zimmerwarme Butter
500 g Puderzucker
　 2 EL Spekulatiusgewürz
　 2 TL Milch

zubereitung

1. Den Backofen auf 180 °C vorheizen.
2. Für den Teig Butter, Zucker, braunen Zucker und Eier (Zimmertemperatur) in einer Schüssel zu einer homogenen Masse verrühren.
3. Das Mehl sieben und mit dem Spekulatiusgewürz, Backpulver und Salz zu dem Butter-Zucker-Gemisch geben. Alles gut vermengen.
4. Die Walnüsse fein hacken. Die Nüsse mit den geraspelten Möhren zum Teig geben und ca. 5 Minuten sorgfältig verrühren, bis der Teig schön luftig ist.
5. Die Cupcakeförmchen zu zwei Dritteln füllen und auf mittlerer Schiene im vorgeheizten Ofen backen. Die Cupcakes nach 22 Minuten herausnehmen und abkühlen lassen.
6. Währenddessen für das Frosting Butter, Puderzucker und Spekulatiusgewürz in einer Schüssel gut verrühren.
7. Wenn alles gut vermischt ist, langsam die Milch in einem dünnen Strahl zugießen und zu einer cremigen, aber festen Masse rühren.
8. Das Frosting in den Spritzbeutel füllen und auf die abgekühlten Cupcakes spritzen. Im Advent mit Spekulatiusbröseln oder holländischen Kruidnootjes – das sind runde, knusprige Plätzchen – verzieren.

Eine sommerliche Variante mit frischen Kirschen ist natürlich ebenso himmlisch! Dafür süße Kirschen entkernen und so verarbeiten wie das Obst auf S. 27. Oder warum nicht statt eines Schoko-Cupcakes einen Vanille-Cupcake mit einer Kirsche darin backen?

Dieser mit einer Kirsche verzierte Cupcake gleicht einem Denkmal. Genau so muss ein echter Cupcake aussehen. Frische Kirschen gibt es zwar nur im Sommer, aber zum Glück schmecken die Schwestern aus dem Glas auch gut und sind das ganze Jahr erhältlich. Lily isst den Chocolate Cherry am liebsten an kalten Winterabenden. Makes you warm inside!

chocolate cherry cupcake

zutaten
für ca. 20 große cupcakes

Cupcakes:
225 g Zartbitterschokolade
210 g zimmerwarme Butter
125 ml Milch
125 g feinster Zucker
1 Päckchen Vanille-
zucker (ca. 8 g)
3 große Eier
310 g Mehl (Type 405)
3 TL Backpulver
1 Prise Salz
ca. 20 Kirschen aus
dem Glas

Frosting:
80 g Kirschen aus dem
Glas
250 g zimmerwarme Butter
500 g Puderzucker
ca. 20 (Amarena-)Kirschen
zum Dekorieren

zubereitung

1. Den Backofen auf 160 °C vorheizen.
2. Für den Teig die Schokolade im Wasserbad schmelzen (s. S. 26). Die Butter in einem Topf zerlassen, bis sie goldgelb ist (nicht braun werden lassen).
3. Erst die Butter, dann die Milch zur Schokolade geben.
4. In einer zweiten Schüssel Zucker, Vanillezucker und Eier (Zimmertemperatur) zu einer homogenen Masse verrühren.
5. Das Mehl sieben, mit Backpulver und Salz der Zucker-Eimasse zufügen. Anschließend die Schokoladenmasse unterrühren.
6. Die Kirschen abgießen, in jedes Cupcakeförmchen eine Kirsche legen und die Vertiefungen zu zwei Dritteln mit Teig auffüllen. Das Cupcakeblech auf mittlerer Schiene in den vorgeheizten Ofen schieben. Nach 20 Minuten herausnehmen und die Cupcakes abkühlen lassen.
7. Währenddessen für das Frosting die Kirschen fein pürieren und durch ein Sieb passieren, sodass alle Stückchen zurückbleiben. Butter und Puderzucker in einer Schüssel gut verrühren.
8. Wenn alles sorgfältig vermischt ist, langsam die passierten Kirschen zu der Masse geben und zu einer cremigen, aber festen Masse verrühren.
9. Das Frosting auf die abgekühlten Cupcakes streichen und mit den restlichen Kirschen verzieren.

Du hast nicht genügend Himbeeren? Dann mach aus der Not eine Tugend: Back die eine Hälfte der Cupcakes mit frischen Himbeeren und die andere Hälfte ohne. Nach dem Backen stichst du bei den Cupcakes ohne Himbeeren ein Loch aus und füllst es mit leckerer Himbeermarmelade.

Nichts tröstet besser als ein Cupcake mit weißer Schokolade und Himbeeren. Das sahnige Frosting zergeht im Mund und als Überraschung gibt es auch noch eine süße Frucht im Teig. Wer sollte dabei keine gute Laune bekommen?

# White Chocolate Surprise

zutaten
für ca. 20 große cupcakes

Cupcakes:
225 g weiße Schokolade
210 g zimmerwarme Butter
125 ml Milch
125 g feinster Zucker
  1 Päckchen Vanille-
    zucker (ca. 8 g)
  3 große Eier
310 g Mehl (Typ 405)
3 TL Backpulver
  1 Prise Salz
 ca. 20 frische Himbeeren

Frosting:
 70 g weiße Schokolade
 65 ml Sahne
250 g zimmerwarme Butter
500 g Puderzucker
 ca. 20 frische Himbeeren
    zum Garnieren

zubereitung

1. Den Backofen auf 160 °C vorheizen.
2. Die weiße Schokolade im Wasserbad schmelzen (s. S. 26). Die Butter in einem kleinen Topf zerlassen, bis sie goldgelb ist (nicht braun werden lassen!)
3. Erst die Butter und dann die Milch zu der geschmolzenen Schokolade geben.
4. Zucker, Vanillezucker und Eier (Zimmertemperatur) in einer Rührschüssel schaumig schlagen.
5. Das Mehl sieben, mit Backpulver und Salz zu der Zucker-Ei-Mischung geben und alles gut verrühren. Anschließend die Schokomasse unterheben.
6. In jedes Förmchen eine Himbeere setzen und zu zwei Dritteln mit Teig auffüllen. Die Cupcakes 20 Minuten auf mittlerer Schiene im Ofen backen und anschließend gut abkühlen lassen.
7. Für das Frosting die weiße Schokolade in kleine Stückchen brechen, in eine Mikrowellenschüssel geben und die Sahne zufügen. Die Form abdecken und den Inhalt auf niedrigster Stufe erwärmen, bis die Schokolade vollständig geschmolzen ist. Auf Zimmertemperatur abkühlen lassen.
8. Nun Butter und Puderzucker zusammen in einer Schüssel zu einer homogenen Masse verrühren.
9. Der Schokomasse nach und nach unter Rühren das Butter-Zucker-Gemisch zufügen, bis alles gut vermischt ist.
10. Das Schokofrosting auf die abgekühlten Cupcakes spritzen und mit den restlichen Himbeeren garnieren.

Richtig gute Erdbeeren bekommt man leider nicht das ganze Jahr. Es ist gerade Hochsaison? Dann mache einfach mehr Erdbeermus als nötig und friere den Rest fürs nächste Mal ein.

Das Herz der New Yorker schlägt für zwei Dinge: Cupcakes und Cheesecake. Lily hat diese beiden Köstlichkeiten zu einer echten New Yorker Versuchung zusammengeführt: dem Strawberry Cheesecake Cupcake. You can't resist it.

Strawberry cheesecake cupcake

zutaten
für ca. 20 große cupcakes

Cupcakes:
   selbst gemachte
   Vanille-Essenz
   (s. S. 25)
  90 g zimmerwarme Butter
300 g feinster Zucker
100 ml Öl
  2 große Eier
300 g Mehl (Type 405)
  3 TL Backpulver
  1 Prise Salz
  3 EL Milch

Frosting:
250 g Erdbeeren
  1 EL Milch
100 g Doppelrahm-
   Frischkäse
150 g zimmerwarme Butter
500 g Puderzucker

zubereitung

1. Die Vanille-Essenz wie auf Seite 25 beschrieben herstellen.
2. Den Backofen auf 200 °C vorheizen.
3. Für den Teig Butter, Zucker, Öl und Eier (Zimmertemperatur) in einer Schüssel zu einer homogenen Masse verrühren.
4. Das Mehl sieben und mit Backpulver und Salz zu dem Butter-Ei-Gemisch geben. Alles gut verrühren.
5. Die selbst gemachte Vanille-Essenz und die Milch zum Teig geben und alles ca. 5 Minuten verrühren, bis der Teig luftig ist.
6. Die Cupcakeförmchen zu zwei Dritteln mit dem Teig füllen und 18 Minuten auf mittlerer Schiene im vorgeheizten Ofen backen. Anschließend abkühlen lassen.
7. Für das Frosting 200 Gramm Erdbeeren pürieren und durch ein feines Sieb passieren. Das Mus mit der Milch bei niedriger Stufe auf dem Herd erhitzen, bis es auf ungefähr 3 Esslöffel eingekocht ist (ca. 30 Milliliter). Abkühlen lassen.
8. Für das Frosting Frischkäse, Butter und Puderzucker in eine Schüssel geben und cremig rühren.
9. Vorsichtig den Erdbeersirup zufügen und vermischen, bis das Frosting cremig ist, aber eine feste Konsistenz hat.
10. Das Frosting mit einer Palette auf die abgekühlten Cupcakes auftragen. Die restlichen Erdbeeren waschen und putzen, in Stücke schneiden und die Cupcakes damit dekorieren. Nach Wunsch Kekskrümel für den Cheesecake-Effekt darüberstreuen.

00.30 AM PARTY TIME

„Work hard, play hard", ist Lilys Motto. Nach einem langen Arbeitstag stellt sie sich gern noch ein Stündchen in die Küche, um Tabletts voller festlicher Mini-Cupcakes für den Abend zu backen. Let's get this party started!

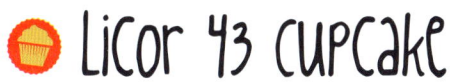 Licor 43 cupcake
Pretty Piña colada
champagne Desire
Mojito Minis

✳ Tipps von den Fabulous Shaker Boys

Wenn Lily abends mit ihren Freundinnen auf die Piste geht, gehören unbedingt ein paar süffige Cocktails dazu. Zum Beispiel ein klassischer Cosmopolitan wie in „Sex and the City" oder ein leckerer frischer Mojito. Und natürlich trinkt Lily die besten Cocktails, die es gibt, zubereitet von den Fabulous Shaker Boys. Echte Männer, die sich in Sachen Cocktails auskennen. Hmmm…

Du planst einen unübertrefflich guten Abend? Dann lade einen der Jungs zu dir nach Hause ein. Toll für einen Geburtstag, einen Junggesellinnenabschied oder einen anderen besonderen Anlass!

Extra für Lily haben die Fabulous Shaker Boys einen hippen Cocktail erfunden, der perfekt zu den vier Cupcakerezepten aus diesem Kapitel passt: den Mulata Daiquiri. Diesen erfrischenden Cocktail kannst du zu Hause leicht selbst mixen, ohne extra exotische Zutaten besorgen zu müssen.

Gib dein Bestes und enjoy!

Verwende für dieses Rezept nur frisch gepressten Limettensaft! Fertiger Likör beinhaltet Zucker und Konservierungsstoffe, was den Drink aus dem Gleichgewicht bringen würde!

Cocktails sollten immer sehr kalt serviert werden. Dadurch kommt der Geschmack am besten zur Geltung. Hierfür eignet sich crushed Eis: Eiswürfel einfach mit einem Geschirrtuch umwickeln und mit einem Hammer zerstoßen.

* Mulata Daiquiri Punch

Der Mulata Daiquiri ist eine Variante des klassischen Daiquiri und stammt aus dem Osten von Kuba. Dieser Cocktail basiert auf Rum, frisch gepresstem Limettensaft und Zuckerwasser. Aber was den Mulata Daiquiri zu einem besonderen Cocktail macht, ist ein Schuss Schokoladenlikör. Durch die säuerlich-frische Mischung und den Hauch von Schokolade ist dieser Cocktail sowohl ein idealer Aperitif als auch Digestif. Und perfekt zu kombinieren mit den verschiedenen Party-Cupcakes von Lily! Der Mulata Daiquiri schlägt eine Brücke zwischen den tropischen Früchten aus dem Piña Colada Cupcake und der Frische von Lily's Mojito Minis.

Zutaten

250 ml dunkler Rum
150 ml frisch gepresster
 Limettensaft
 50 ml Zuckersirup
 50 ml Crème de Cacao
 (Mozart Black)

Zubereitung

Dieser Cocktail lässt sich gut im Voraus in größerer Menge zubereiten und als Punsch servieren. So können alle gleichzeitig den Mulata Daiquiri genießen! Bei größerer Gästezahl einfach das Rezept vervielfachen. Alle Zutaten in einer großen Schüssel vermischen. Viel gecrushtes Eis zufügen und so lange rühren, bis sich die Schüssel eiskalt anfühlt. Mit einem großen Löffel und Champagnerschalen servieren, sodass sich die Gäste selbst einschenken können!
Zuckersirup erhältst du, wenn du 1,5 kg Zucker mit einem Liter Wasser aufkochst. Wenn sich der gesamte Zucker aufgelöst hat, abkühlen lassen.

* Bellini

Der klassische Bellini hat seine Wurzeln in Italien. Durch die Kombination aus süßem Pfirsich und trockenem Prosecco ist dieser Cocktail wie geschaffen für heiße Nachmittage und schwüle Abende. Der Bellini ist einfach zuzubereiten und mutet trotzdem edel an. Ein Cocktail, der perfekt zu Lily's Champagne Desire Cupcake passt!

Zutaten

 6 weiße Pfirsiche
 50 ml Pfirsichlikör (Bols)
 Crushed Eis
 1 Flasche Prosecco
 Spumante

Zubereitung

Als Erstes das Pfirsichpüree herstellen. Hierfür das Obst entkernen, klein schneiden und in einen Mixer geben. Pfirsichlikör und einen großen Löffel Crushed Eis zufügen. Die Zutaten zu einem homogenen, dickflüssigen Püree mixen.
In jedes Glas einen Löffel Pfirsichmus geben und mit kaltem Prosecco auffüllen. Kurz umrühren, um das Mus mit dem Prosecco zu vermischen, und fertig ist der Bellini. Mit wenig Aufwand ein fabelhafter Cocktail, um deine Gäste zu überraschen!

Hierzu schmeckt auch ein Carajillo: 5 cl Licor 43 erhitzen, in ein feuerfestes Glas geben und mit heißem, starkem Espresso aufgießen. Halb geschlagene Sahne darübergeben und mit Kakao oder Zimt bestreuen.

Licor 43 (spricht sich – mit gerolltem spanischem R – Licor Cuarenta Y Tres) ist ein süßer Likör mit einem starken Vanillearoma. Den Namen hat er von den 43 – natürlichen! – Inhaltsstoffen, mit denen das traditionelle spanische Getränk gesegnet ist. Und damit lassen sich die köstlichsten Cupcakes zaubern! Unbelievably brilliant.

 # Licor 43 cupcake

zutaten
für ca. 14 mittelgroße cupcakes

Cupcakes:
50 g zimmerwarme Butter
150 g feinster Zucker
1 großes Ei
150 g Mehl (Type 405)
1½ TL Backpulver
(ca. ½ EL)
1 Prise Salz
100 ml Milch
30 ml Licor 43

Frosting:
120 g zimmerwarme Butter
250 g Puderzucker
1 EL Milch
2 EL Licor 43
essbares Glitzerpulver
in Gold und Rot zum
Verzieren

zubereitung

1. Den Backofen auf 170 °C vorheizen.
2. Butter, Zucker und das Ei (Zimmertemperatur) in einer Schüssel zu einer homogenen Masse verrühren.
3. Das Mehl sieben und mit dem Backpulver dem Butter-Zucker-Gemisch zufügen. Eine Prise Salz zugeben und alles gut vermengen.
4. Milch mit Licor 43 vermischen und in einem dünnen Strahl zum Teig gießen. Ca. 5 Minuten verrühren, bis der Teig luftig ist.
5. Die Cupcakeförmchen zu zwei Dritteln mit Teig füllen und für 15 Minuten auf mittlerer Schiene im vorgeheizten Ofen backen. Anschließend die Cupcakes abkühlen lassen.
6. Währenddessen für das Frosting Butter und Zucker schaumig schlagen.
7. Milch und Licor 43 vermischen und die Flüssigkeit in einem dünnen Strahl vorsichtig zu der Buttermischung gießen. Zu einer cremigen, aber festen Masse verrühren.
8. Das Frosting in einen Spritzbeutel füllen und auf die abgekühlten Cupcakes spritzen. Üppig mit Glitzerpulver verzieren.

DU kannst keine frische saftige Ananas auftreiben? Kein Problem. In diesem Fall eignet sich auch Ananas aus dem Glas oder der Dose.

Dieser Cupcake ist ideal für eine Caribbean Summer Party! Stell Salsamusik an, locker die Hüften und lass dich mit einem Piña-Colada-Cupcake in der Hand von den rhythmischen Klängen mitreißen.

Pretty Piña colada

Zutaten
für ca.14 mittelgroße cupcakes

Cupcakes:
100 ml weißer Rum
160 g feinster Zucker
 ca. 200 g frische,
     süße Ananas
 40 g zimmerwarme Butter
 10 g Vanillezucker
  1 großes Ei
120 g Mehl (Type 405)
1½ TL Backpulver
  1 Prise Salz
120 ml Kokosmilch

Frosting:
120 g zimmerwarme Butter
250 g Puderzucker
  1 EL Kokosmilch
  2 EL weißer Rum
     Minzblättchen und
     getrocknete Ananas
     zum Dekorieren
     (s. S. 24)

Zubereitung

1. Den Backofen auf 170 °C vorheizen.
2. Für den Teig Rum mit 50 Gramm Zucker in einem Topf erhitzen und auf ungefähr die Hälfte einkochen lassen.
3. Die Ananas in ca. 1 Zentimeter große Stückchen schneiden. Zum Rumsirup geben und alles eine gute Dreiviertelstunde ziehen lassen.
4. Butter, den restlichen Zucker, Vanillezucker und das Ei (Zimmertemperatur) in einer Schüssel verrühren.
5. Das Mehl sieben und mit Backpulver zu der Masse geben. Eine Prise Salz zufügen und alles gut vermengen.
6. Zum Schluss die Kokosmilch in einem dünnen Strahl zugießen und alles 5 Minuten verrühren, bis der Teig schön luftig ist.
7. In jedes Cupcakeförmchen ein in Rumsirup eingelegtes Ananasstückchen geben. Die Vertiefungen zu zwei Dritteln mit Teig auffüllen und für 13 Minuten auf mittlerer Schiene im vorgeheizten Ofen backen. Nach dem Herausnehmen auf die noch warmen Cupcakes je einen Teelöffel Zucker-Rum-Mischung geben und weiter abkühlen lassen.
8. Für das Frosting Butter und Puderzucker in einer Schüssel gut verrühren.
9. Milch und Rum vermischen. In einem dünnen Strahl langsam zur Butter-Zucker-Masse gießen und gut verrühren.
10. Das Frosting in einen Spritzbeutel füllen und auf die abgekühlten Cupcakes spritzen. Mit Minzblättchen und Ananas garnieren.

Teuren Champagner einkochen zu lassen, ist dir zu verrückt? Dann nimm stattdessen einen guten Cava oder Prosecco. Schmeckt auch super! Nach dem Backen bleibt zum Glück noch eine halbe Flasche übrig, die du natürlich zu den Cupcakes servierst!

Es ist natürlich Dekadenz pur, Champagner einzukochen, um damit Cupcakes zu backen.
Aber manchmal steht dir einfach der Sinn danach. Because you deserve it!
Lily verwendet für diese festlichen Cupcakes einen berühmten halbtrockenen Champagner:
Moët & Chandon Nectar Impérial. Ein Champagner, der leicht süß, vollmundig und reich an
Geschmack ist – beinahe sinnlich. Neben einem Hauch von kandierten Früchten, milden Gewürzen
und Honig spielt er die Hauptrolle in diesem Champagner Desire Cupcake.

champagne Desire

zutaten
für ca. 16 mittelgroße cupcakes

Cupcakes:
350 ml Champagner
    (halbe Flasche)
150 g feinster Zucker
  50 g zimmerwarme Butter
   1 großes Ei
150 g Mehl (Type 405)
1½ TL Backpulver
   1 Prise Salz
  80 ml Milch

Frosting:
120 g zimmerwarme Butter
250 g Puderzucker
   1 EL Milch
   3 EL eingekochter
    Champagner
    (von den 350 ml
    für die Cupcakes)
    goldenes Glitzerpulver
    zum Dekorieren

zubereitung

1. Den Backofen auf 180 °C vorheizen.
2. Den Champagner mit 30 g Zucker in einem kleinen Topf erhitzen, zum Kochen bringen und in ca. einer halben Stunde auf ⅕ einkochen lassen (es bleiben ca. 70 Milliliter übrig).
3. Für den Teig Butter, den restlichen Zucker und das Ei (Zimmertemperatur) in einer Schüssel zu einer homogenen Masse verrühren.
4. Mehl sieben und mit dem Backpulver zu der Masse geben. Eine Prise Salz zufügen und alles gut vermischen.
5. Ca. 3 Esslöffel eingekochten Champagner für das Frosting abnehmen. Den Rest mit der Milch vermischen und alles in einem dünnen Strahl zum Teig gießen. 5 Minuten rühren, bis der Teig luftig ist.
6. Die Cupcakeförmchen zu zwei Dritteln mit dem Teig füllen und für ca. 13 Minuten auf mittlerer Schiene im vorgeheizten Ofen backen. Anschließend die Cupcakes abkühlen lassen.
7. Für das Frosting Butter und Puderzucker verrühren.
8. Milch und eingedickten Champagner vermischen. In einem dünnen Strahl langsam zum Butter-Zucker-Gemisch gießen und verrühren. Vorsicht: Das Frosting darf nicht zu flüssig werden.
9. Das Frosting in einen Spritzbeutel geben und auf die abgekühlten Cupcakes spritzen. Üppig mit Glitzerpuder verzieren.

Mit Mojito Cupcakes überwindet jede Party den toten Punkt. Minze, Rum, Zucker und Limettensaft bilden die Basis für diese schwungvollen Minis. Let's party!

 # Mojito Minis

zutaten
für ca. 16 mittelgroße cupcakes

Cupcakes:
100 ml weißer Rum
160 g feinster Zucker
40 g zimmerwarme Butter
10 g Vanillezucker
1 großes Ei
1 TL abgriebene
   Bio-Limettenschale
1 TL abgeriebene
   Bio-Zitronenschale
1 EL gehackte Minze
120 g Mehl (Type 405)
1½ TL Backpulver
1 Prise Salz
120 ml Milch

Frosting:
120 g zimmerwarme Butter
250 g Puderzucker
1 TL abgeriebene
   Bio-Limettenschale
1 EL Milch
1 EL weißer Rum

zubereitung

1. Den Backofen auf 170 °C vorheizen.
2. Rum und 50 Gramm Zucker in einem Topf erhitzen, aufkochen und auf die Hälfte einkochen lassen. Anschließend abkühlen lassen.
3. Für den Teig Butter, den restlichen Zucker, Vanillezucker, das Ei (Zimmertemperatur), Limetten- und Zitronenabrieb und die Minze in eine Schüssel geben. Alle Zutaten zu einer homogenen Masse verrühren.
4. Das Mehl sieben und mit Backpulver zum Butter-Zucker-Gemisch geben. Eine Prise Salz zufügen und alles gut vermischen.
5. Milch in einem dünnen Strahl zugießen. 5 Minuten rühren, bis der Teig schön luftig ist.
6. Die Cupcakeförmchen zu zwei Dritteln mit Teig füllen und für 13 Minuten auf mittlerer Schiene im vorgeheizten Ofen backen. Herausnehmen und auf die noch warmen Cupcakes je einen Teelöffel Rum geben. Anschließend weiter abkühlen lassen.
7. Währenddessen für das Frosting Butter, Puderzucker und Limettenabrieb zu einer homogenen Masse verrühren.
8. Milch mit Rum vermischen. Die Flüssigkeit in einem dünnen Strahl langsam zum Butter-Zucker-Gemisch gießen und verrühren.
9. Das Frosting in einen Spritzbeutel füllen und auf die abgekühlten Cupcakes spritzen. Die Cupcakes mit einem Minzblättchen und Limettenzesten dekorieren.

ThankS!

Ein Buch schreibt man nicht allein – und auch nicht zu zweit –, darum möchten wir uns an dieser Stelle bei allen bedanken, die uns mental oder tatkräftig dabei geholfen haben, dass LiLY'S CUPCaKES zustande gekommen ist. Auch wenn das Risiko besteht, dass wir jemanden vergessen, hier eine Aufzählung:

Unseren Partnern Erik Roel und Stephan Schipper, deren Tagwerk es manchmal zu sein scheint, uns in allem zu unterstützen – wirklich toll, dass sie es nebenher noch schaffen, in Vollzeit zu arbeiten.

Aad van der Wel und Ton van Zanten und allen Menschen von der Bäckerei Dudok in Numandsdorp, die 2008 mit uns daran glaubten, dass Cupcakes auch in den Niederlanden eine große Sache werden könnten. Sie haben uns sehr dabei geholfen, unsere Firma aufzubauen. Inzwischen arbeiten wir zwar nicht mehr so intensiv zusammen, bleiben euch aber unendlich dankbar.

Marco Kruit, Theo Derix und allen großartigen Konditoren von der Konditorei Crème de la Crème in Zoeterwoude. Danke für eure Hilfe bei der Rezeptentwicklung und dafür, dass ihr Tag für Tag die leckersten Cupcakes der Niederlande für uns backt. Wir lernen so viel von euch!

Unseren Agenten Daan und Sebastiaan Durlacher von Product Lounge Agency, die alles Geschäftliche im Blick haben, damit wir uns darüber unsere hübschen Köpfe nicht zerbrechen müssen.

Fenje und Sara von der Tea Bar für die perfekten Tee-Tipps und die angenehme, inzwischen jahrelange Zusammenarbeit.

Maarten Scharam und Robert de Wildt von den Fabulous Shaker Boys für ihre fabulösen Tipps.

Marriët Willems danken wir nicht nur für das großartige Art Work und die Gestaltung, sondern auch dafür, dass sie Haus und Küche für uns umgestellt und umgeräumt hat, um diese brillanten Fotos mit toller Atmosphäre zu ermöglichen.

Maarten Brunsveld sind wir sehr dankbar für die großartigen Fotos. Es war eine sehr schöne Erfahrung, drei Tage mit einem so professionellen und engagierten, aber auch sehr geselligen Fotografen zusammenzuarbeiten.

Melanie Zwartjes und Miriam de Boer von Terra Lannoo für das Vertrauen und die Begleitung.

Und zum Schluss unseren großartigen Testbäckerinnen, die alle Rezepte ausprobiert und kommentiert haben, sodass es ein echtes Crowdsource-Backbuch geworden ist. Vielen Dank für eure Tipps und eure Zeit!

Marion Kappers, Jeanine Dokters, Gonny van der Zijl, Ilona Doudart de la Grée, Melody Eveleens, Judith va de Berg, Miranda Haark, Marjolijn van Leeuwen, Hester Duivis, Rencia Prijo, Lobke de Boer, Saskia Lamberts, Eva van Soest, Janna Brummel, Lonneke van Veen, Anniek van Bebber, Annemarie Rozendaal, Marianne Willems, Tamara Doets, Roos Kastelein, Maaike Roos, Dieuwertje Mulders, Sabine Wildenborg, Sylia Hofland, Ashna Makhan, Monique Parfitt, Carla van Ginneken, Leandra Bosma, Astris Merkx, Hedy Krebbers, Hanna Weijers, Lynn Pieters, Stacey Hemmelder, Philippine Ruskamp, Stefanie Zegwaard, Carline van de Winkel, Elaine Versloot, Andrea Raat, Karin Frenzen, Bianca de Bruyn, Patricia Bebelaar, Anne-Mieke van Diermen, Vilmaris Lopez-Aponte, Tina van den Berg und Suzanne van Heumen.

Thank You too!

Michael Barnaart van Bergen
www.michaelbarnaartvanbergen.com

Cook&Co
www.cookandco.nl

Make-up Artist Berbe Reugebrink
www.berbe.nl

Moët Hennessy
www.moethennessy.nl

Glas-Spuit-en Schildersbedrijf Willems
www.schilderwillems.nl

SS Rotterdam
www.SSrotterdam.nl

Sissy Boy Homeland
www.sissy-boy.nl

Loods 5
www.loods5.nl

Maxxium Nederland
www.maxxium.nl